사랑과 정의가 넘치는 평화로운 세상
맹자

초판 1쇄 인쇄 2021년 4월 15일 **초판 1쇄 발행** 2021년 4월 25일
원작 맹자 **글쓴이** 김경윤 **그린이** 강빛
펴낸이 이영선
책임편집 김연수
편집 이일규 김선정 김문정 김종훈 이민재 김영아 김연수 이현정 차소영 **디자인** 김회량 이보아
독자본부 김일신 김진규 정혜영 박정래 손미경 김동욱
펴낸곳 파란자전거 **출판등록** 1999년 9월 17일(제406-2005-000048호)
주소 경기도 파주시 광인사길 217(파주출판도시) **전화** (031)955-7470 **팩스** (031)955-7469
홈페이지 www.paja.co.kr **이메일** booksea21@hanmail.net

ⓒ 파란자전거·김경윤, 2021
ISBN 979-11-88609-65-9 73150

* 사진을 제공해 주시고 게재를 허락해 주신 분들께 감사드립니다.
* 일부 저작권을 찾지 못한 사진은 확인되는 대로 정해진 절차에 따라 사용료를 지불하겠습니다.

파란자전거는 도서출판 서해문집의 어린이 책 브랜드입니다. 페달을 밟아야 똑바로 나아가는 자전거처럼 파란자전거는 어린이와 청소년이 혼자 힘으로도 바르게 설 수 있도록 도와줍니다.

어린이제품안전특별법에 의한 제품 표시
제조자명 파란자전거 **제조년월** 2021년 4월 **제조국** 대한민국 **사용연령** 만 10세 이상 어린이 제품

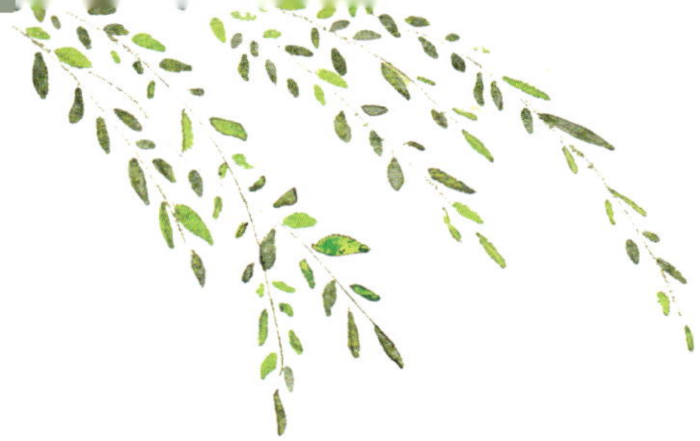

파란클래식 28

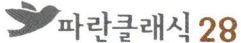

사랑과 정의가 넘치는 평화로운 세상

맹자

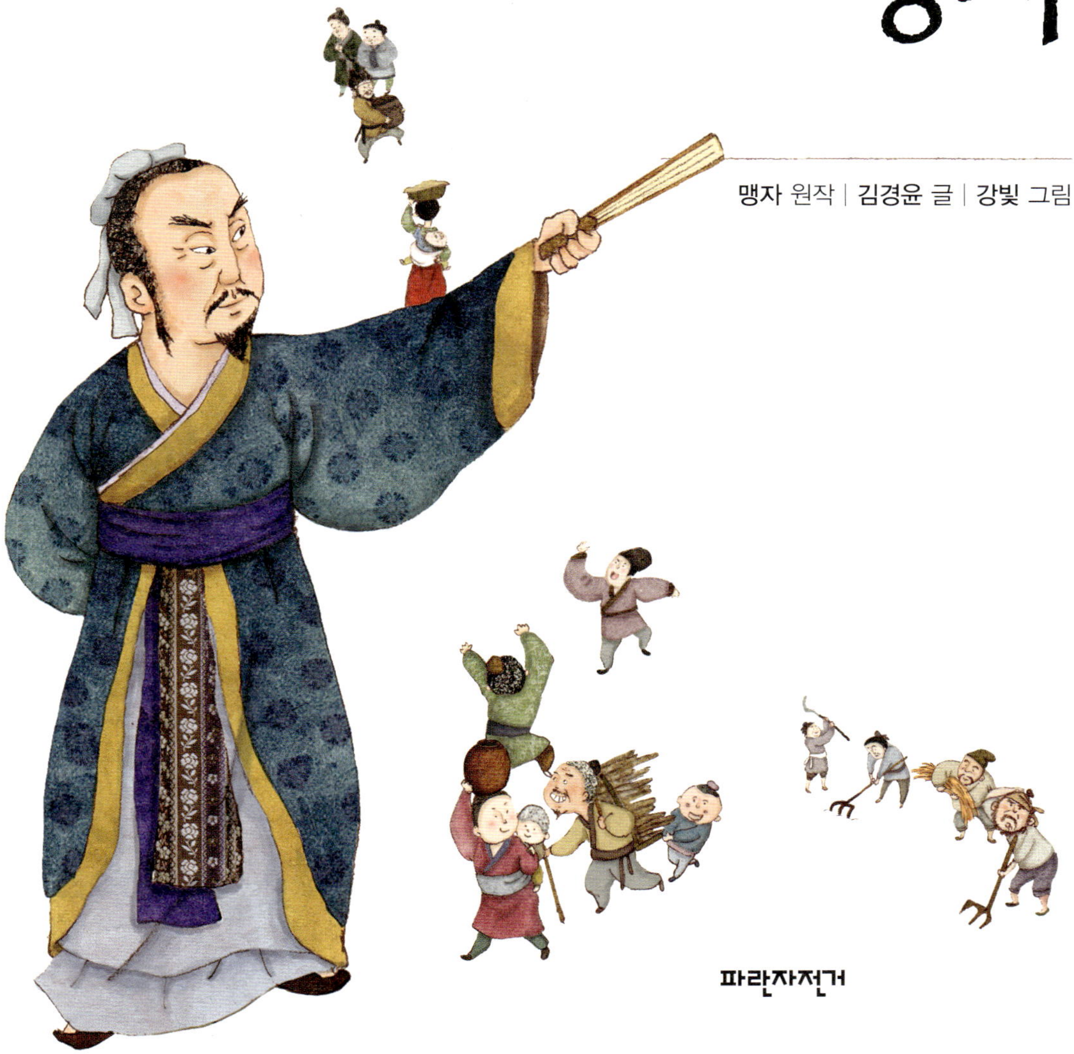

맹자 원작 | 김경윤 글 | 강빛 그림

파란자전거

글쓴이의 말

2020년은 바이러스와 함께한 힘겨운 한 해였습니다. 학생은 학교를 못 가고, 직장인은 집에서 일을 했지요. 이제 외출할 때 마스크는 필수가 되었고, 맨얼굴로는 친구도 만나지 못하게 되었어요. 또 집에만 있어야 하니 택배나 배달을 많이 이용했지요. 그러니 쓰레기도 많아졌습니다. 작은 가게 주인들은 장사가 되지 않는다고 울상이었어요. 택배 기사님도 갑자기 일이 많아지면서 꼭두새벽부터 밤늦게까지 일해야 했어요. 도대체 세상은 왜 이렇게 바뀌었을까요? 정말 못된 코로나 바이러스 때문일까요?

바이러스를 공부하는 학자들은 코로나 바이러스는 원래 동물의 몸속에 살고 있었다고 해요. 그런데 사람들이 자연을 훼손하고 동물을 함부로 대하고 돈이라면 뭐든지 하니까, 자연 생태계가 파괴되면서 자연계에 있던 코로나 바이러스가 인간에게 옮겨졌다고 하지요. 이렇게 생각해 보니 못된 것은 코로나 바이러스가 아니라 인간의 탐욕이 아닌가 싶어요.

지금으로부터 이천오백 년 전 중국은 춘추 전국 시대였습니다. 중국이 여러 나라로 분열되면서 서로 자기 나라의 이익을 위하여 탐욕스럽게 다투던 시대였지요. 여러 나라의 왕은 앞다투어 전쟁을 벌여 다른 나라를 차지하려고 했고, 전쟁에 동원된 백성의 삶은 더욱 비참해졌습니다. 그런데도 전쟁을 멈추기는커녕 강대국은 약소국을 침략하고, 부자는 가난한 사람을 괴롭혔어요.

이때 인간의 탐욕을 경계하고 사랑과 정의를 외친 사람이 바로 맹자입니다. 맹자가 쓴 《맹자》의 첫 번째 이야기는 맹자가 양나라 혜왕을 만나는 장면인데요. 양혜왕이 맹자에게 "이 나라에 무슨 이익을 주려고 오셨습니까?" 하고 묻자, 맹자는 "왕께서는 하필이면 이익을 말씀하십니까? 저는 사랑과 정의를 말할 뿐입니다."라고 말하지요.

맹자는 각 나라와 사람이 이익을 다투어서는 평화롭고 아름다운 나라를 만들 수 없다고 생각했어요. 아무리 작은 나라라도 왕과 백성이 사랑과 정의를 그리며 살아가는 것이 평화롭고 아름다운 나라를 만드는 바른길이라고 했지요. 지도자가 먼저 사랑과 정의를 위한다면 백성도 자연스럽게 그 지도자가 걷는 아름다운 길을 따를 것이라고 주장했습니다.

맹자는 백성을 누구보다 먼저 생각하고 소중하게 여

긴다면 백성 스스로 먹고살 수 있는 경제적인 조건을 만들어 줘야 한다고 했어요. 누구든 집 걱정 없고 일 못 할 걱정 없이 안정된 생활을 할 수 있다면, 모두가 평화로운 사회가 만들어 진다고 생각했지요.

또 맹자는 인간은 본래 선하게 태어났다고 믿었어요. 그리고 그 선한 마음을 잘 키운다면 좋은 것은 서로 나누고 양보하며, 잘못한 일은 부끄러워하고, 옳고 그름을 구별할 수 있는 삶의 지혜가 자란다고 생각했어요.

하지만 당시 이익만을 앞다투어 챙겼던 지도자들은 이러한 맹자의 사상을 받아들이지 않고 끊임없이 전쟁을 치르다 대부분 패망했지요. 세월이 흐르고, 맹자가 주장한 사랑과 정의의 사상은 점차 많은 사람에게 널리 전해졌어요. 그래서 공자와 함께 유학의 중요한 인물로 꼽힙니다.

오늘날 세계화가 진행되면서 이제 전 세계는 한 가족이나 다름없게 되었어요. 지금 우리가 겪고 있는 문제는 전 세계가 함께 겪는 문제지요. 코로나 바이러스가 중국에서 시작됐다고 하지만 순식간에 전 세계로 퍼져 나갔어요. 한 나라가 문제를 해결한다고 해서 문제는 끝나지 않아요. 모두가 함께 해결해야 하지요. 그러면 어떻게 문제를 해결해야 할까요?

각 나라가 자신의 이익만을 앞세워 자기

만 잘살겠다고 전쟁이라도 일으키면 어떻게 될까요? 가난하고 약한 나라부터 사라지다가 결국 지구촌 전체가 어려움을 겪게 되지 않을까요? 만약 강한 사람이 약한 사람을 사랑과 정의로 돌보면서 함께 나누는 사회가 되면 어떨까요? 한 나라뿐만 아니라 전 세계가 평화로워지지 않을까요?

   맹자가 생각하는 사랑과 정의가 넘치는 아름다운 세상은 과거의 꿈이 아니라, 오늘날 우리가 함께 실천해야 할 아름다운 꿈 아닐까요? 서로의 것을 빼앗는 사회가 아니라 서로가 서로를 사랑으로 돌보면서 함께 살아가는 사회가 좋겠지요. 강한 나라가 약한 나라의 어려움을 외면하는 사이가 아니라 모두가 건강하고 평화롭게 살 수 있도록 함께 노력하는 세상이 좋은 세상이랍니다. 이기적이고 악한 사람 곁에 사는 것보다는 착하고 정의로운 사람과 함께 살고 싶지 않나요?

   맹자가 꿈꾸던 세상을 우리가 함께 꿈꾸고 만들어 나가 보아요. 사랑과 정의가 넘치는 아름다운 사회를 전 세계가 함께 그려 가면 좋겠습니다.

2021년 온 세상의 봄을 기다리는 마음을 담아

김경윤

차례

글쓴이의 말 4

제1부 《맹자》를 읽기 전에 꼭 알아야 할 다섯 가지

    1. 혼란의 시기를 살아 낸 맹자 12

    2. 맹자가 돌아다닌 나라, 맹자가 만난 사람들 26

    3. 맹자가 꿈꾼 세상 38

    4. 맹자와 대결했던 사상가들 56

    5. 《맹자》 훑어보기 68

제2부 인간의 본성을 사랑과 정의로 이끄는 참된 고전《맹자》

1. 왕과 나눈 대화: 사랑과 정의의 왕도 정치를 실천하십시오   82
2. 귀족과 신하와 나눈 대화: 누구나 성인이 될 수 있다   112
3. 제자와 나눈 대화: 좋은 질문이 좋은 답을 얻는다   124
4. 사상가와 나눈 대화: 유학의 관점에서 다른 사상가와 논쟁하다   145
5. 맹자 어록   155

연보   174

제 1 부

《맹자》를 읽기 전에
꼭 알아야 할 다섯 가지

1. 혼란의 시기를 살아 낸 맹자

혼란과 불안의 시기, 전국 시대

공자와 함께 동양의 철학 사상가로 손꼽히는 맹자는 중국 전국 시대를 살아간 사람입니다. 맹자라는 사람과 그의 사상을 이해하기 위해서는 그가 살아 낸 시대를 먼저 알아야겠지요.

전국 시대는 말뜻 그대로 '전쟁하는 나라의 시대'입니다. 중국 중심부를 차지하고 있던 진(晉)나라가 대부*들의 반란으로 한나라, 위나라, 조나라로 나뉜 기원전 403년을 시작으로 서쪽의 신흥 강대국 진(秦)나라가 중국을 통일한 기원전 221년까지 백팔십여 년을 말합니다. 이 시기는 과거 온 세상을 호령했던 주나라의 권위가 바닥에 떨어져 영향력이 거의 없던 때라, 제후국*들은 모두

대부
중국 벼슬을 세 등급으로 나눈 품계 중 하나입니다.

전국 시대의 영역
전국 시대는 기원전 403년부터 진(秦)나라에 의해 전국이 통일되기 이전인 기원전 221년까지를 말합니다.

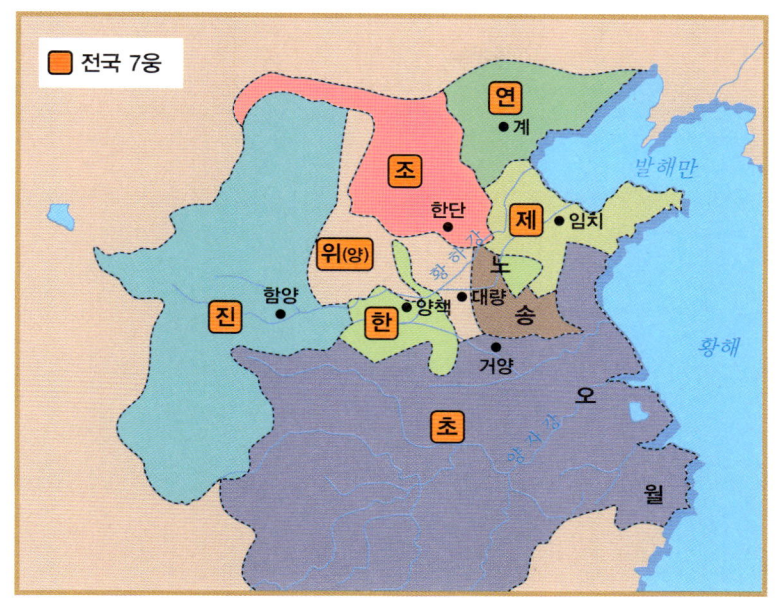

제후국(諸侯國)
옛 왕은 자신을 따르던 귀족에게 땅을 주고 다스리게 했는데, 그 지역을 다스리는 지도자를 제후라고 하고, 그 땅을 제후국이라 합니다. 주나라 왕은 제후들의 칭호에 차별을 두었는데, 공작·후작·백작·자작·남작 순입니다.

자신이 온 세상을 차지하겠다는 욕심을 드러냈습니다. 그중 강대국으로 손꼽힌 나라는 일곱 개입니다. 서쪽으로는 진나라가, 중앙에는 한나라, 위나라, 조나라가, 동쪽으로는 제나라와 연나라가, 남쪽으로는 초나라가 자리하고 있고 이들을 '전국칠웅(戰國七雄)'이라 불렀습니다.

전국 시대 이전인 춘추 시대도 삼백육십 년간 전쟁이 끊이지 않던 혼란의 시기였습니다. 그러나 전국 시대는 그때보다 훨씬 더 참혹했습니다. 춘추 시대의 전쟁이 강자를 겨루는 전쟁이었다면, 전국 시대의 전쟁은 다른 나라를 정복하는 전쟁이었지요. 전국 시대는 군사 무기도 철로 만들어 대량 생산이 가능했고, 전쟁에 동원된 병사도 대규모였습니다. 춘추 시대에는 직업 군인만 전쟁에 참가했지만, 전국 시대에는 일반인도 전쟁에 강제로 끌려가 백성의 삶이 더욱 비참해졌습니다. 거리에는 집 없이 떠도는 사람들과 굶어 죽은 시체가 넘쳐났습니다. 춘추 시대의 전쟁은 길어도 수일 만에 끝났지만, 전국 시대의 전쟁은 수십만, 수백만 명이 동원되고, 수년 동안 싸움이 그치지 않았습니다. 진나라의 경우 열다섯 차례나 대규모 전쟁을 치르면서 죽인 적군이 백만 명이 넘었습니다. 포로가 된 적군은 생매장을 시켰고, 성을 함락한 뒤에는 성안의 백성을 약탈하고 죽였습니다. 전국 시대는 참으로 참혹한 시대였습니다.

그런데도 나라를 다스리는 군주들은 백성의 삶을 살피기보다는 나라를 강력하고 부강하게 만드는 정복 전쟁에 더욱 힘을 쏟았습니다. 전쟁에 뛰어난 전문가를 사방에서 초대하여 벼슬을 줬습니다. 나라를 강력한 법으로 다스려야 한다는 법가 사상가와 강력한 군대를 양성하자는 병가 사상가, 외교적 술수로 나라를 부유하게 만들자는 종횡가 사상가가 가장 환영받는 전문가들이었습니다. 이들은 군주에게 강력한 힘을 주는 것이야말로 나라를 부강하게 하는 길이라고 생각했습니다.

이와 달리 맹자는 나라의 근본은 백성이기 때문에 살기 좋은 나

맹자(孟子, 기원전 372년~기원전 289년)_ⓒ 대만국립고궁박물원

라를 만들기 위해서 군주는 전쟁에 힘쓰기보다 백성의 삶을 보살피고 교육에 힘써야 한다는 사랑과 정의의 정치를 주장했습니다. 안으로는 경제적 안정을 도모하고 밖으로는 평화의 기운이 넘치는 나라를 만들면, 다른 나라의 백성이 저절로 그 나라에 찾아와 인구가 늘고 경제력도 커져 튼튼하고 강한 나라가 된다고 말했습니다. 힘과 폭력이 정답이던 시대에 사랑과 정의로 안정과 평화를 되찾아야 한다고 주장한 사상가가 바로 맹자입니다. 혼란한 세상과 맞서 싸운 맹자는 과연 어떤 사람이었을까요?

조선 오백 년에 깊은 영향을 준 맹자

맹자는 공자가 세상을 떠난 지 백칠 년이 지난 기원전 372년에 추나라에서 태어났습니다. 기원전 289년에 죽었으니 팔십사 년을 살았네요. 동시대에 서양에서는 플라톤과 아리스토텔레스가 활약하고 있었지요. 맹자의 생애에 대한 가장 짧고 압축적인 소개는 사마천*이 쓴 《사기》에 담겨 있습니다. 한자로는 137자밖에 되지 않지요.

사마천(司馬遷, 기원전 145년?~기원전 86년?)
중국 한나라의 역사가입니다. 사마천이 지은 《사기》는 동양 최고의 역사책이라는 평가를 받습니다. 연대순으로 기록한 이전 역사책과 다르게 《사기》는 역사적으로 중요한 인물 중심으로 역사를 기록했습니다.

> 맹자는 추나라 사람이다. 공자의 손자인 자사가 세운 학당에서 학문을 익히고, 깨달음을 얻자 제나라 선왕에게 가서 자신의 뜻

을 펼쳤다. 선왕이 맹자의 뜻을 받아들이지 않자 양나라로 갔다. 양나라 혜왕은 맹자를 세상사에 어둡고 치밀하지 못한 자로 여겼다. 당시 진나라는 정치에 상앙을 뽑아 써 부유한 나라와 강한 군대를 가졌고, 초나라와 위나라는 오기를 뽑아 씀으로써 약한 적과 싸워 이겼고, 제나라 위왕과 선왕은 손빈과 전기의 무리를 뽑아 쓰니 제후들이 제나라를 섬겼다. 온 세상이 바야흐로 합종연횡*에 힘써 치고 정벌하는 일을 현명하다고 생각하는데, 맹자는 요순*과 하·은·주 삼대의 덕을 펼치니 이 때문에 가는 곳마다 사람들과 의견이 맞지 않았다. 그 뒤 물러나 만장의 무리와 함께 《시경》과 《서경》을 정리하고, 공자의 뜻을 펼쳐 《맹자》 7편을 지었다. _사마천, 《사기》 권 74 〈맹자순경열전〉

합종연횡(合縱連衡)
나라 간 동맹이나 연합을 맺던 방식입니다. '합종'은 가장 강한 나라인 진나라에 맞서고자 나머지 나라가 연합한 것이고 '연횡'은 자기 나라의 안녕을 위해 진나라와 동맹을 맺는 것입니다. 여기서 '종'은 세로, '횡'은 가로를 뜻합니다.

요순(堯舜)
고대 중국의 태평천하를 이루었던 시대를 대표하는 임금인 요임금과 순임금을 뜻하는데 줄여서 요순이라고 말합니다.

간단하지만 명확하게 맹자의 삶을 표현한 글입니다. 부국강병과 정복 전쟁에 뛰어난 인재만 필요했던 전국 시대에 작은 나라에서 태어나 유학을 공부한 맹자의 뜻은 받아들여지지 않았습니다. 더욱이 사랑과 정의를 주장하는 유학자 맹자는 푸대접을 받았지요. 뛰어난 법가 사상가 상앙, 병법가 오기, 전쟁에 뛰어난 손빈과 전기를 뽑아 써 승승장구하던 나라의 왕들에게 맹자의 주장은 허황되고 뜬구름 잡는 말처럼 들렸을지 모릅니다. 시대가 이렇다 보니 맹자는 자신의 뜻을 제대로 펼치지 못하고 제자들과 일선에서 물러나 유학을 전파하는 일에 힘썼습니다. 한마디로 성공하지 못하고 실패한 인생이지요.

그런데 우리는 왜 맹자를 알아야 할까요? 비록 맹자는 자신이 살았던 시대에는 인정받지 못했지만, 중국 역사에서 공자 다음으로 유명한 사람이 됐고, 후대에는 성인에 버금가는 사람으로 추대됐기 때문입니다. 그뿐만 아니라 조선의 역사는 맹자의 역사라 할 만큼, 맹자는 조선 오백 년의 정치와 사상에 깊은 영향을 줬지요. 도대체 무엇이 그토록 맹자를 유명하게 만들었을까요? 이에 대한 해답은 책을 다 읽을 때쯤 알 수 있을 거예요. 우선 맹자의 삶을 살펴보도록 하겠습니다.

작은 나라의 가난한 망명 귀족의 자식, 맹자

맹자는 공자가 태어난 노나라와 아주 가까운 추나라에서 태어났습니다. 오늘날 전해 오는 《맹자》를 편찬한 후한 시대의 조기*가 쓴 서문에 따르면, 맹자는 노나라 귀족인 맹손씨*의 자손입니다.

> 어떤 사람이 말하기를, 맹자는 본래 노나라 귀족인 맹손씨의 자손이라고 했다. 그래서 맹자는 벼슬을 제나라에서 했어도, 어머님이 돌아가시자 노나라에 돌아와 장례를 치렀다. 노나라의 삼

조기(趙岐, 108년~201년)
후한(後漢) 시대의 학자로 오늘날 전하는 《맹자》를 정리해 펴냈습니다. 조기는 이전에 있던 《맹자》 11편 중 7편만 진짜 맹자이고 나머지는 가짜라고 생각했습니다. 그래서 7편을 상하로 나누어 14편으로 만들고, 각 장과 구절을 나눈 뒤 맨 앞에 서문처럼 〈맹자제사〉를 써 붙여 정리했습니다.

맹손씨
춘추 시대에 임금을 무력화하고 노나라를 지배했던 대부의 성씨입니다. 노나라는 맹손씨, 계손씨, 숙손씨의 세력이 강했는데, 이들을 합쳐 삼환씨라고 합니다. 노나라에 살던 공자는 삼환씨의 난으로 노나라를 떠나 제나라로 간 적도 있습니다.

> 대 귀족 중 하나였던 맹손씨의 자손이라도 그 기세가 약해지면 다른 나라에 들어와 살 수밖에 없었다. _조기, 〈맹자제사〉

맹자의 아버지는 맹격입니다. 맹격은 맹자가 태어난 지 삼 년 만에 돌아가셨다는 이야기도 있고, 자식을 아내에게 맡기고 성공하기 위해 밖을 떠돌았지만 결국 실패하고 말았다는 설도 있지요. 어찌 되었든 아버지 없이 홀어머니 곁에서 자랐습니다.

맹자의 어머니는 성이 장(仉)씨인 것만 알려지고 이름은 알려지지 않았습니다. 안타깝지만 옛날 여성의 이름은 대부분 알려지지 않았기 때문이에요. 맹자의 어머니는 현명한 어머니로 널리 알려져 있는데, 관련된 이야기로 '맹자 어머니가 세 번 이사하는 것'이 유명하지요. 처음엔 공동묘지 근처로 이사했습니다. 그곳에서 맹자가 장례 흉내를 내며 놀자 다시 시장 부근으로 이사했습니다. 그러자 이번엔 장사꾼 흉내를 내서 마지막으로 학당 근처로 갔더니 예의 바른 선비 흉내를 내어 더 이상 이사 가지 않았다는 이야기지요.

맹자가 어렸을 때는 공부하는 것을 무척 싫어했는지 학업을 중도에 그만두고 집으로 돌아옵니다. 돌아온 아들을 보며 맹자 어머니가 베를 자른 이야기도 유명합니다.

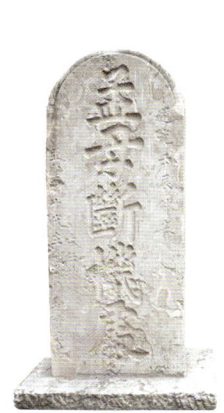

맹묘와 기념석_ⓒ 김경윤
왼쪽 비석에는 맹모단기처, 오른쪽 비석에는 맹모삼천사라는 글자가 선명합니다. 맹자 어머니의 교육열을 기념하기 위해 세웠습니다. 자식의 교육을 위해 좋은 곳으로 이사 가는 것은 예나 지금이나 같아 보입니다.

학문에 전념할 만한 나이가 되자 맹자는 고향을 떠나 공부를 하게 되었다. 그러던 어느 날, 어머니에 대한 그리움이 사무쳤던 맹자가 연락도 없이 집으로 돌아왔다. 마침 베틀에 앉아 옷감을 짜던 맹자의 어머니는 아들을 보고 크게 기뻤지만, 불현듯 찾아온 아들에게 물었다.

"얘야, 네 공부가 어느 정도 되었느냐?"

맹자가 대답했다.

"아직 다 마치지는 못하였습니다."

이 말을 들은 어머니는 짜고 있던 베틀의 실을 끊어 버리고는 크게 꾸짖었다.

"네가 공부를 중도에 그만두고 돌아온 것은 지금 내가 짜고 있던 베의 실을 끊는 것과 같은 이치다. 이루고자 하는 바가 있으면 전심전력을 다해야 하는데 너는 그런 자세로 무엇을 이룰 수 있겠느냐?"

어머니의 말에 크게 깨달은 맹자는 스승에게 돌아가 더욱 열심히 학문에 집중하였다.

— 유향, 《열녀전》

먹고살기 위해 짜던 베를 자식에게 교훈을 주기 위해 끊어 버리는 어머니의 엄격함이 놀랍지요. 앞의 두 이야기는 '맹모삼천지교(孟母三遷之敎)', '맹모단기지교(孟母斷機之敎)'라 하여 중국뿐만 아니라 우리나라에도 널리 알려져 있어요. 또 어린 시절 맹자가 시장 근처에서 살던 때에 어머니가 맹자에게 돼지고기를 사 먹인 이야기도 유명합니다.

맹자가 어렸을 때 어느 날 동쪽 집에서 돼

〈맹모단기교자도〉 ⓒ 북경고궁박물원
평소 맹자의 어머니는 자상했지만, 교육에서는 엄격함을 유지했습니다. 왼쪽 사진은 맹자가 학문을 도중에 그만두려 하자 이를 막기 위해 자신이 짜던 베를 과감하게 자르는 모습입니다.

지를 잡았다. 맹자가 이를 보고 어머니께 "이웃집에서 돼지를 왜 잡아요?"라고 물었다. 어머니는 무심코 "널 먹이려고 잡는 거지."라고 말했다. 말을 마치자마자 맹자의 어머니는 바로 후회하면서 "내가 이 아이를 가졌을 때 그토록 태교에 힘썼건만, 이제 막 이 아이가 사리 분별을 하게 됐는데 내가 거짓말을 하다니……." 하며 한탄했다. 그러고는 바로 동쪽 이웃집에 가서 돼지고기를 사 와 맹자에게 먹였다. 맹자는 장성하여 학문을 익히고 위대한 선비가 됐다. _한영,《한시외전》

이처럼 자식을 참되고 바르게 키우던 맹자의 어머니는 맹자가 제나라에서 높은 자리에 있던 기원전 315년에 돌아가셨습니다. 맹자는 잠시 자리를 비우고 노나라로 가서 어머니의 제사를 성대하게 치르지요. 가난했던 시절에 아버지의 장례식을 소박하게 치른 것과는 대조적으로, 대부의 지위에 있었기 때문에 성대하게 치를 수 있었어요. 하지만 제나라에서 벼슬을 하고 있었기 때문에 삼년상은 치르지 못하고 대신 자신의 모습을 돌로 깎아 어머니를 기렸습니다. 지금도 어머니의 위패를 모신 맹자 사당의 계성 침전*에서 이 돌 조각상을 볼 수 있지요. 한편 맹자는 전씨라는 아내와 결혼하여 아들 역을 두었습니다.

계성 침전(啟聖 寢殿)
'계성'은 성인의 길을 열어 주었다는 뜻이고, '침전'은 제사를 지내기 위해 지은 집이라는 뜻입니다. 계성 침전은 성인의 길을 열어 준 위대한 어머니, 즉 맹자의 어머니를 기리는 곳입니다.

유학의 계승자

유학은 공자가 창시한 학문입니다. 인(仁)과 예(禮)를 근본이념으로 삼아 수신제가(修身齊家)·치국평천하(治國平天下)의 실현을 목표로 하는 사상이자 정치 철학이지요. 유학을 따르는 학자를 유학자라 하고, 이들이 집단에 이른 것을 유가라고 합니다. 유교는 유학을 종교적 관점에서 이르는 말로, 수천 년 동안 동아시아의 사상과 정치에 큰 영향을 미쳤습니다.

맹자는 공자의 손자인 자사가 세운 학당에 들어가 유학자가 꼭 배워야 할 학문을 체계적으로 공부했습니다. 공자의 제자들이 배우던 시문집 《시경》과 고대 임금들의 업적을 기록한 《서경》, 하늘과 땅, 삶이 변화하는 원리와 해설을 담은 《주역》, 다양한 예법을 기록한 《예기》, 공자가 저술한 역사책 《춘추》뿐만 아니라 제자들에게 전하는 공자의 뜻을 익혔습니다. 그는 자신이 살던 시대를 한탄하며, 그 시대를 극복할 수 있는 방안으로 공자의 가르침을 계승해야겠다고 생각했지요.

이 생각은 맹자가 제나라에 가서 유학과는 다른 학문을 접하면서도 변치 않았습니다. 오히려 유학이야말로 시대를 구원할 학문임을 더욱 확신하게 되지요. 맹자는 자신이 공자의 사상을 계승하는 진정한 후계자라고 생각합니다.

맹자는 여러 나라를 돌아다니며 유학의 정신을 강조합니다. 나

공자(孔子, 기원전 551년~기원전 479년)
중국 춘추 시대의 정치가, 사상가, 교육자이자 시인으로 유교의 시조로 알려져 있습니다. 모든 덕의 기초인 인(仁)을 윤리의 이상으로 삼아 정치할 것을 주장했습니다. 나이가 들어서는 교육에 힘써 삼천여 명의 제자를 길러 냈습니다.

라를 위태롭게 하고 백성의 삶을 궁핍하게 만드는 혼란을 해결할 방법은, 전쟁이나 강력한 법이 아니라 백성을 가르치고 삶을 풍요롭게 하여 함께 평화를 누리는 사랑을 베풀고 정의를 실천하는 정치이기 때문입니다. 그것이야말로 공자의 가르침, 그리고 유학자가 따르는 핵심이라고 맹자는 생각했습니다.

맹자가 만났던 왕들은 이러한 맹자의 가르침을 외면하고, 강력한 권력과 전쟁을 통해서 나라를 다스리려 했습니다. 그러나 맹자는 자신의 뜻을 굽히지 않았습니다. 백성의 안정된 삶 없이는 정치도 나라도 없다고 생각했기 때문입니다. 공자가 '안 되는 줄 알면서도' 자신의 길을 걸어갔듯이, 맹자 역시 자신의 뜻을 굽히지 않고 왕들에게 소신을 밝히고 죽을 때까지 유학자로서 올곧은 삶을 살았습니다.

아는 것이 힘!
성인 공자와 아성 맹자

공자는 춘추 시대 말기의 노나라 사람이고, 맹자는 전국 시대 후기의 추나라 사람입니다. 두 사람 사이에는 백여 년의 공백이 있는데, 맹자는 어떻게 공자의 학문을 배울 수 있었을까요? 바로 공자와 맹자 사이에 있었던 맹자의 스승 자사입니다. 자사는 공자의 손자이면서, 공자의 수제자 밑에서 공부한 제자이지요. 즉 자사의 제자인 맹자는 공자의 4대 제자쯤 되는 셈입니다.

공자와 맹자가 태어난 노나라와 추나라는 춘추 전국 시대의 약소국이었습니다. 이 둘은 모두 세 살 때 아버지를 여의고 가난 때문에 많이 힘들었어요. 하지만 공자는 정규 교육을 받지 못했던 반면, 맹자는 어머니의 교육열 덕분에 자사 아래에서 배우고 제나라로 유학을 가 직하학궁에서 고등 교육까지 제대로 받으며 성장합니다. 직하학궁은 당시 유명하고 능력 있는 학자들이 모여 학문을 연구하고 가르치는 곳이었습니다. 그래서 공자의 어머니에 대해서는 알려진 바가 거의 없지만, 맹자의 어머니는 지금까지도 중국에서 가장 훌륭한 어머니로 칭송되고 있지요.

한편 공자는 말년에 노나라에서 쫓겨나 망명에 가까운 생활을 하지만, 맹자는 강대국인 양나라와 제나

라 등에 왕의 고문 자격으로 정식 초청되어 중국 방방곡곡을 돌아다닙니다. 수레 몇 대를 끌고 다니는 공자의 초라한 행렬과 수레 수십 대를 끌고 많은 제자와 함께 위풍당당하게 행차하는 맹자의 모습은 사뭇 대조적이라고 할 수 있습니다. 또 공자는 죽기 오 년 전이 되어서야 겨우 고국인 노나라로 돌아올 수 있었고, 직접 기록을 남기지도 못했습니다. 맹자는 제나라의 고문으로 있을 때 어머니를 여의고 성대한 장례식을 치렀을 뿐만 아니라 일찍 은퇴하여 고향으로 돌아와 제자들과 함께 《맹자》를 공동으로 편찬했지요. 공자의 어록으로 유명한 《논어》는 공자가 죽고 난 뒤 제자들이 만들었기 때문에 체계적인 모습을 갖추지 못했어요.

물론 공자와 맹자가 방문한 나라의 왕이 유학을 적극적으로 받아들이고 실천하여 효과를 본 적은 거의 없습니다. 중국 곳곳을 돌아다니며 사상을 전파하려 했지만, 결과적으로 실패했다고 볼 수 있지요. 하지만 그들이 죽고 난 뒤 공자는 성인으로 칭송받고, 맹자는 성인에 버금간다고 하여 아성(亞聖)이라는 칭호를 얻습니다. 유학을 창조한 공자와 유학을 발전적으로 계승한 맹자는 이처럼 묘하게 닮았고, 또 다른 점도 많습니다.

《논어》는 춘추 전국 시대에는 그다지 주목을 받지 못하다가 한나라 때 유학이 나라의 학문이 되면서 주목을 받기 시작합니다. 이후 벼슬하려는 사람들은 모두 《논어》를 공부해야 했지요. 《맹자》는 《논어》에 비해 역사적으로 더 많은 수난을 겪었습니다. "왕보다는 백성이 더 중요하다.", "백성과 함께하지 않는 왕은 더 이상 왕의 자격이 없으므로 갈아 치워도 된다."는 맹자의 과격한 주장이 왕의 심기를 불편하게 했기 때문이에요. 우리나라에서도 고려 말, 정도전은 《맹자》를 읽고 낡은 고려 시대를 청산하고 새로운 왕조를 열어야 한다는 혁명 사상을 주장하다가 고초를 겪었습니다.

춘추 시대에 나온 공자의 사상이 주나라의 예의와 질서를 회복하자는 온건한 사상이었다면, 전국 시대라는 혼란기에 나온 맹자의 사상은 잘못된 왕은 바꿔야 한다는 과격한 사상이었습니다.

《공부자성적도》 중 '공자, 광땅에서 벗어나다.' _© 서울대학교 규장각한국학연구원_
《공부자성적도》는 공자의 행적과 가르침에 관한 내용을 담고 있습니다. 그중 이 그림은 공자가 주유천하할 때 광땅을 지나가던 도중 산적으로 오해를 받아 무려 닷새 동안 포위됐다가 풀려난 사건을 기록한 것입니다. 그림 속 공자와 제자들의 표정이 참으로 난처해 보입니다. 게다가 수레는 한 대뿐입니다.

2. 맹자가 돌아다닌 나라, 맹자가 만난 사람들

《맹자》에서는 맹자가 여러 나라를 돌아다니며 권력자나 관료를 만나 정치를 이야기하고, 다양한 사상가를 만나 논쟁하는 것을 볼 수 있습니다. 맹자가 돌아다닌 나라를 《맹자》에 나타난 순서대로 적으면 양나라, 제나라, 추나라, 등나라, 노나라, 송나라입니다. 양나라는 위나라의 세력이 기울면서 도읍을 대량으로 옮긴 이후 바뀐 나라 이름이지요. 《맹자》에 나온 순서는 연대순으로 쓰인 것이 아니기 때문에 이해를 돕기 위해서 정리해 볼 필요가 있습니다. 시기에 따라 사상의 깊이와 완성도가 다르고, 그때 들른 나라와 그곳에서 만난 사람들과 나눈 이야기도 다를 테니까요.

자사(子思, 기원전 483년~기원전 402년)_ⓒ 북경고궁박물원
중국 전국 시대 노나라의 유학자입니다. 공자의 손자이며 증자의 제자로도 알려져 있습니다. 유학의 대표 경전인 《중용》을 지었습니다. 맹자는 자사의 제자로부터 공자의 사상을 배워 이어 나갔습니다.

학문을 익히다

맹자는 추나라에서 태어났지만, 자사의 제자에게 배운 것은 노나라로 간 뒤부터입니다. 그는 공자에게 직접 배우지는 못했어도 공자의 제자를 통해 학문을 이어 나갔지요. 그래서 맹자는 공자를 계승한 유학자가 될 수 있었습니다. 《맹자》를 보면 《시경》, 《서경》, 《예기》와 《춘추》의 인용이 많은데, 이러한 경전은 모두 유학자가 숭상하는 책들입니다. 맹자도 이러한 책을 섭렵하며 자신만의 생각을 만들어 나갔습니다.

맹자는 40세에 흔들리지 않는 마음인 '부동심(不動心)'을 갖게 되었다고 말합니다. 이는 공자가 40세에 유혹되지 않는 마음인 '불혹(不惑)'의 경지에 도달했다는 것과 유사합니다. 맹자의 학습이 완성에 이른 것이지요. 이후 맹자는 여러 나라를 돌아다니며 자신의 생각을 알리기 시작합니다.

자신의 사상을 세우다

맹자는 41세에 고향인 추나라로 돌아와 통치자 목공을 만납니다. 추나라는 맹자의 조국이지만, 워낙 작은 나라이기 때문에 맹자의 뜻을 펼치기에는 한계가 있었습니다. 《맹자》에 목공과 관련된 이야기는 〈양혜왕 하〉 12장에 단 한 차례 등장합니다.

맹자는 이 시기에 제나라와 송나라와 등나라를 여행하며 수많은 사람을 만나 교류하고, 그들과 논쟁하며 자신의 사상을 더욱 치밀하게 만들어 나갑니다. 44세에는 제나라의 국가 학술 기관인 직하학궁에서 순우곤, 송견 등 대학자와 토론하고, 고자와 인간의 본성에 대하여 논쟁을 벌입니다. 외교를 통해서 나라의 운명을 좌지우지하는 종횡가들과도 논쟁을 하지요. 47세에는 송나라로 가던 중 등나라의 세자를 만나 가르침을 주고, 49세에는 그 세자가 왕위를 잇게 되자 등나라로 가서 자신의 뜻을 펼치기도 합니다.

한편 맹자는 등나라에서 모든 사람은 농사를 지어야 한다는 농가 사상가인 허행, 그리고 그를 따르는 진상*과 논쟁을 벌이기도 하지요. 농가 사상은 노동과 평등을 강조하는 묵자의 사상과 맥락을 같이합니다. 맹자는 모든 사람을 평등하게 사랑하고 모든 것을 공평하게 나누어야 한다는 묵자의 사상과 자신 이외의 모든 것을 가볍게 여기라는 양주*의 사상을 가장 비판했어요. 두 사상은 유가 사상의 핵심인 효와 왕에게 충성하는 충을 반대했기 때문입니다.

이 시기는 맹자가 공자에게서 시작된 유학 정신을 더욱 벼리고 자신의 고유한 사상을 정립할 수 있었던 시기라 할 수 있습니다.

묵자(墨子, 기원전 480년~기원전 390년)
중국 춘추 전국 시대 노나라의 사상가로 성은 묵(墨), 이름은 적(翟)입니다. 모든 사람을 똑같이 두루 사랑하는 겸애(兼愛)를 설파하고 평화론을 주장했습니다.

허행(許行)과 진상(陳相)
전국 시대 초나라 사람입니다. 세상을 평화롭게 만들기 위해서는 모두 함께 농사를 지어야 한다는 농가 사상을 주장했습니다.

양주(楊朱, 기원전 440년?~기원전 360년?)
중국 전국 시대의 학자로 나를 중시하고, 나 혼자만 쾌락히면 모든 것이 좋다는 위아설(爲我說)을 주장했습니다. 극단적인 이기주의와 개인주의를 중시하여 묵자와 대립했고, 맹자의 비난을 받았습니다.

맹자 사상을 발전시키다

맹자는 53세가 되었을 때 양나라 혜왕의 초대를 받고 양나라로 가게 됩니다. 《맹자》의 첫 편인 〈양혜왕 상〉은 바로 이 시기에 혜왕과 나눈 이야기를 모은 것이지요. 혜왕이 '이익'을 말하자 맹자가 '사랑과 정의'로 대답하는 첫 대화는 아주 박진감이 넘칩니다. 하지만 혜왕과의 인연은 채 이 년을 넘기지 못했습니다. 혜왕은 맹자를 만난 지 일 년 만에 세상을 떠나고, 아들인 양왕이 뒤를 잇자 맹자는 양나라에 대한 미련을 버리고 제나라로 갑니다.

제나라의 선왕은 맹자를 아주 극진히 대접합니다. 맹자를 재상의 자리인 객경에 앉히고 수시로 그에게 정치에 대해 물었습니다. 이에 맹자는 최선을 다해 대답하지요. 전쟁으로 나라를 확장하려 하지 말고, 백성과 더불어 즐거움을 나누면서 백성의 고충을 줄이고, 공평한 토지 분배 제도를 실시하며, 백성이 원하는 인재를 등용하여 나라의 운영을 전문가에게 맡기라는 구체적인 방안도 알려 줍니다.

맹자는 58세에 어머니가 돌아가시자 노나라로 돌아가 장례를 치르지만, 삼년상도 치르지 못한 채 다시 제나라로 옵니다. 그리고 나라를 평안하게 만들 방법을 선왕에게 일러 줍니다. 그럼에도 불구하고 제나라는 연나라가 혼란한 틈을 타 연나라를 침공하고, 병력을 철수해야 할 시기가 되었는데도 철수하지 않았습니다. 맹자는 안타까운 마음을 뒤로한 채 제나라를 떠날 수밖에 없었지요. 그때가 맹자 나이 59세였습니다.

　제나라를 떠나 송나라로, 송나라에서 설나라로, 설나라에서 노나라로 갔지만 자신의 뜻을 펼치기에는 모두 마땅치 않았습니다. 노나라 왕인 평공이 맹자를 만나려고 했으나 노나라의 신하 장창이 방해하는 바람에 결국 두 사람은 만나지 못했습니다. 그리고 맹자는 노나라를 떠나게 되는데 그때가 기원전 311년, 62세 되던 해였습니다.

사상을 글로 남기다

환갑이 넘어서야 고국인 추나라로 돌아온 맹자는 더 이상 정치에 뜻을 두지 않고, 제자를 양성하며 자신의 삶을 정리합니다. 지금까지 펼쳤던 수많은 이야기를 정리하고 체계적으로 분류했으며, 수제자인 공손추와 만장과 함께 《맹자》라는 책을 쓰기 시작했습니다. 《논어》는 공자가 죽은 후 제자들이 공자의 이야기를 모아 정리했지만, 맹자는 살아 있는 동안 자신의 생생한 기억을 되살려 《맹자》의 대부분을 직접 썼습니다. 그래서 《맹자》는 아주 논리적이고 설득력 있는 책이 될 수 있었지요.

　《맹자》에는 《논어》처럼 구체적인 상황이 빠진 대화나 맹자의 어록이 많이 실려 있습니다. 특히 마지막 장인 〈진심〉은 맹자가 정치에서 손을 뗀 후, 인생을 달관한 모습이 잘 드러난 귀중한 자료지요. 맹자는 기원전 289년 1월 15일 84세의 나이로 세상을 떠납니다.

《맹자》에서 맹자가 만난 사람들

《맹자》를 읽다 보면 '정말 이분은 엄청나게 많은 사람과 치열하게 싸웠구나.'라는 생각이 듭니다. 그런데 그 싸움의 목적이 눈물겹습니다. 자신의 이익이나 명예, 지위 또는 권세를 얻기 위해서가 아니라 사랑이 넘치고 정의가 실현되는 아름답고 평화로운 나라를 만들기 위해서였습니다. 맹자가 만난 사람들, 자신의 위치에서 시대가 요구하는 삶을 살아간 사람들을 만나 봅니다.

● 군주

맹자가 돌아다니며 가장 많이 만난 사람은 왕이었습니다. 최고 지도자의 마음을 바꾸면 그 나라가 바뀐다고 생각했기 때문이지요. 그래서 그들과 만나 서로 밀고 당기고, 칭찬하고 비판하면서 자신의 뜻을 펼쳤습니다.

《맹자》에는 양나라의 혜왕과 그의 아들 양왕, 제나라의 선왕,

추나라의 목공, 등나라의 문공, 노나라의 평공이 등장합니다. 이 중 양나라와 제나라가 강대국이라면 추나라, 등나라, 노나라는 약소국에 속한다고 볼 수 있습니다.

맹자는 특히 강대국인 양나라와 제나라에 정성을 다했습니다. 그 이유는 강대국에서 맹자가 주장하는 왕도 정치를 펼친다면 전국 시대의 모든 나라가 이들의 정치를 본받을 것이라는 기대 때문이었습니다. 하지만 이러한 정성은 물거품이 되었지요.

그나마 맹자의 정치를 진지하게 받아들이고 실천한 나라는 등나라였습니다. 등나라의 문공은 세자 시절부터 맹자를 존경해 가르침을 받았고, 선왕이 서거하자 장례식에 대하여 맹자에게 물었을 뿐만 아니라, 등나라의 정치도 자세히 물어 실천했습니다. 맹자는 아무리 작은 나라라 하더라도 사랑과 정의를 실천한다면 강대국도 함부로 침공할 수 없을 것이라고 말합니다.

● 신하

맹자는 군주뿐만 아니라 각 나라의 귀족과 신하와도 진지한 이야기를 주고받았는데, 특히 제나라 사람이 많이 등장합니다. 제나라의 대부 공거심과 지와와는 신하로서의 임무와 책임에 대해 이야기하고, 대신*인 심동과는 연나라의 정벌에 대해 이야기를 나누지요. 또 맹자는 재상인 저자에게 위대한 성인(聖人)이나 보통

대신
중국 전국 시대의 벼슬 중 하나로 대부보다 아래의 자리입니다.

《맹자성적도》
《맹자》〈이루 하〉 편에 나오는 이야기를 그렸습니다. 제나라의 대부 공행자 아들의 장례식에 온 우사에게 맹자가 조정의 예를 가르치는 모습입니다.

사람이나 똑같은 사람이라고 해 저자가 놀라기도 합니다. 제나라 왕자 점이 맹자에게 선비가 해야 할 일을 묻자, 맹자는 사랑과 정의를 실천하라고 당부합니다.

한편 맹자는 송나라 대부인 대영지에게 정전제를 시행하라고 제안합니다. 정전제는 국가가 토지를 나눠 백성이 공평하게 경작할 수 있게 하고, 일부분만 세금으로 거두는 토지 관리 제도입니다. 맹자의 제안에 대영지가 천천히 점진적으로 시행하자고 답하자, 맹자는 도둑질을 당장 끊어야 하는 것처럼 좋은 제도는 당장 시행해야 한다고 강조하지요.

또 등나라의 연우는 맹자를 찾아가 선왕인 정공의 장례 절차에 대하여 두 번이나 물어보는데, 이에 맹자는 자세히 답해 줍니다. 등나라의 신하 필전에게는 나라를 다스리는 방법, 즉 치국의 도를 말해 주지요.

위나라의 북궁기에게는 주나라 왕실의 제도에 대해 소상히 알려 주고, 백규에게는 세금, 그리고 홍수나 가뭄 피해를 막는 치수 사업에 대해 충고해 줍니다.

노나라 장군인 신자에게는 백성을 무작정 전쟁터로 몰고 가지 말고, 우선 잘 가르치라고 말하지요.

맹자는 누구를 만나든, 그들의 질문에 구체적이고 명확하게 답을 해 줌으로써 그의 학문이 얼마나 넓고 깊은지 감탄하게 만듭니다.

● 논쟁자

맹자는 자신과 다른 사상을 가진 학자들과 많은 토론과 논쟁을 펼쳤습니다. 《맹자》에는 농가인 허행과 그를 따르는 진상, 묵가인 이지, 종횡가인 경춘, 맹자의 선배 격인 제나라 직하학궁의 순우곤과 고자, 평화 사상가인 송견, 세상을 다니며 자신의 사상을 펼치는 송구천 등 다양한 부류의 인물이 등장합니다. 그러나 맹자는 이들의 사상 모두는 결국 군주에게만 이익을 줄 뿐, 백성의 안정된 삶은 외면하고 나라에 혼란을 가져온다고 생각했지요. 맹자가 보기에 진정으로 백성을 위하고 평화를 가져올 사상은 유학뿐이었어요.

그리고 《맹자》에 직접 등장하지는 않지만, 맹자는 양주와 묵자의 사상을 가장 크게 배척했습니다. 양주는 개인만 생각할 뿐 공동체를 생각하지 않고, 묵자는 이익만 고려할 뿐 정의는 고려하지 않아 가족 공동체를 해체하는 위험한 사상이라고 생각했지요. 맹자는 한 사회의 근간을 이루는 가족과 한 나라의 근간이 되는 백성의 삶을 중요시했기 때문입니다.

● 제자

맹자의 제자가 정확히 몇 명인지는 알 수 없지만 《맹자》에는 진진, 공도자, 공손추, 악정자, 충우, 고자(高子), 진대, 주소, 팽갱,

《맹자성적도》
《맹자》〈고자 하〉편의 이야기를 담은 그림입니다. 맹자는 맹자의 제자 악정자가 정치를 펼친다는 소식을 듣고 매우 기뻐했습니다. 공손추가 그 이유를 맹자에게 묻자 악정자는 선함을 좋아하고, 선(善)을 좋아하는 사람은 온 세상을 다스려도 여유가 있다고 답해 줍니다.

만장, 서벽, 함구몽, 옥려자, 도응이 등장합니다. 이 중에서도《맹자》의 편명으로 나오는 공손추와 만장은 맹자의 수제자들이지요.

공손추에게는 유학자의 마음을 어떻게 다스려야 하는지 이야기해 줍니다. 자세히 말하자면 인간의 마음속에는 선한 씨앗이 있는데, 그 씨앗을 어떻게 키워야 하는지, 키우는 데 방해가 되는 것은 무엇인지, 그 씨앗이 얼마나 커질 수 있는지를 이야기하지요. 그리고 그렇게 키운 마음으로 백성과 더불어 사랑과 정의를 펼칠 수 있다는 이야기도 합니다.

만장과는 유학의 뿌리가 되는 사람에 대한 이야기를 나눕니다. 요임금, 순임금으로부터 공자에 이르기까지 만장은 집요하게 질문을 던지고, 맹자는 그 궁금증을 풀어 주지요. 또 만장이 책을 읽다가 궁금한 부분을 물어보면, 맹자는 그 뜻을 자세히 알려 줍니다. 똑똑한 제자의 날카로운 질문에 깊이 있게 답해 주는 맹자를 통해 그의 내공을 확인할 수 있습니다.

이처럼 맹자는 제자의 질문에 자세하고 정확하게 대답해 줌으로써 제자들이 한발 더 나아갈 수 있도록 도와줬습니다.

중국 최초 왕립 학술 기관 직하학궁

직하학궁은 제나라 환공이 설치한 중국 최초의 왕립 부설 학술 기관입니다. 직하(稷下)는 '도성에 나 있는 직문 아래'라는 뜻이고, 학궁(學宮)은 '왕이 운영하는 기관'이란 뜻이지요. 환공 때만 하더라도 규모가 소박했으나, 그의 아들인 선왕 때에 이르러 명실상부한 학술 기관으로 자리 잡습니다. 선왕은 《맹자》에 나오는 순우곤을 비롯하여 추연, 신도 등 유명한 학자들을 초빙하여 저택을 하사하고 대부급의 높은 명예직과 그에 맞는 금품을 주었어요. 그리하여 당시 중국에서 내로라하는 학자들이 구름 떼처럼 모여들었는데 그 규모가 선생 급만 따져도 천 명이 넘었다고 하니, 학생들은 오죽 많았겠습니까? 전국 시대의 학문적 르네상스를 맞이한 셈이지요.

제나라 역사박물관(중국 산동성 치박시)**에 전시된 직하학궁 모습** ⓒ 오마이뉴스 김기동 기자
위쪽으로 궁궐과 같은 담장과 지붕이 보이고, 가운데 직하학궁이라는 글자가 새겨진 명패가 있습니다. 그 밑으로 마차와 학자들이 분주히 오고 갑니다. 가운데 물과 숲을 지나, 숲속으로 들어오면 연단에 스승처럼 보이는 사람이 이야기를 펼치고, 좌우로 학생들이 스승의 이야기를 경청하고 있습니다.

바티칸박물관 서명의 방에 있는 〈아테네 학당〉
라파엘로가 1510년 그린 작품으로, 고대의 유명한 철학자들을 그림에 담았습니다. 가운데 하늘을 향해 손가락을 올리는 플라톤, 땅을 향해 손가락을 내리는 아리스토텔레스, 그 아래 계단에 비스듬히 누워 있는 디오게네스가 눈에 띕니다. 라파엘로는 그림 속에 본인의 모습도 그렸습니다. 맨 오른쪽 하얀 옷을 입은 청년이 라파엘로입니다.

이들은 학궁에 모여 자유롭게 사상을 말하거나 토론할 수 있었고, 왕에 대한 자문과 정책 건의도 할 수 있었습니다. 심지어 정책이 채택되면 건의한 사람이 직접 정치에 참여할 수 있도록 했었지요. 그러니 공부하는 사람들에게는 최고의 조건이었어요. 맹자가 제나라로 찾아가 직하학궁에서 공부한 것은 어쩌면 당연한 순서라 할 수 있습니다. 맹자는 직하학궁에서 다양한 학문적 견해를 익히고, 그들과 논쟁하며 자신의 생각을 갈고닦을 수 있었지요. 그 내용이 《맹자》에도 반영돼 있습니다. 맹자뿐만 아니라 성악설을 주장했던 순자, 평화주의자 송견 등도 직하학궁에서 활약했습니다.

춘추 전국 시대를 다른 말로 백가쟁명(百家爭鳴)의 시대라고도 하는데, 이 말은 '온갖 사상가들이 자신의 이론을 주장하고 토론한다.'는 뜻입니다. 이러한 것을 가능하게 한 제나라의 직하학궁은 동시대 플라톤이 창건한 고대 그리스의 아테네 학당에 비유되기도 합니다.

3. 맹자가 꿈꾼 세상

모두가 즐겁게 잘 사는 세상

맹자는 기본적으로 공자의 사상을 계승했습니다. 공자는 선하고 지혜로운 고대 왕들의 행적을 찾아 정리하여, 자신과 제자들이 보고 본받을 수 있도록 했지요. 그리고 여러 나라를 돌아다니며 고대 선왕들의 사상을 전파했습니다. 공자가 특히 사랑한 고대 선왕은 요임금, 순임금, 하나라의 우임금, 은나라의 탕왕, 주나라의 문왕과 무왕입니다. 아울러 무왕을 도와 주나라의 체계를 바로잡은 주공을 깊이 존경했어요. 그리고 그들의 행적과 문화가 기록된 《시경》,《서경》,《예기》를 교육의 기본으로 삼고,《주역》을 우주와 삶의 원리로 익혔으며, 주나라 이후의 역사를 《춘추》로 정리하여

주나라 문왕(기원전 1152년~기원전 1056년)
주나라 문왕과 무왕은 포악한 정치로 중국 천하를 혼란에 빠뜨린 은나라-의 주왕을 정벌하고 주나라를 세우는 데 공을 세운 위대한 왕들입니다. 공자뿐 아니라 맹자도 이 문왕과 무왕이 펼친 백성을 위한 정치를 모범으로 여기고 따르려 했습니다.

후대에 남겼지요. 이어 맹자는 공자로부터 계승된 유학자의 기본 서적을 깊이 연구했어요.

하지만 공자가 활동했던 춘추 시대와는 달리, 맹자가 활약했던 전국 시대는 전쟁의 규모가 크고 기간도 길어서 백성의 고달픔은 날로 증가했지요. 또 다른 나라를 침범하여 정복하는 전쟁으로 망하는 나라가 늘어났어요. 맹자는 이렇게 참혹한 전쟁에서 벗어나는 길은 사랑과 정의로 백성의 삶을 편하게 해 주는 것(인정론)과 백성과 더불어 즐거움을 나누는 것(여민동락)이라고 생각했습니다. 그러기 위해서는 백성에게 토지를 나눠 주고, 세금을 적당히 거둬야 한다고(정전제) 했지요. 나라에서 가장 소중한 것은 백성이기 때문입니다(민본주의).

인간의 선함을 믿지 않는 나라에서는 백성을 엄격한 법으로 다스릴 수밖에 없었어요. 하지만 맹자는 모든 인간은 선하게 태어났고(성선론), 누구나 그 선한 마음을 잃지 않고 잘 키워 행동한다면 위대한 성인의 경지에 도달할 수 있다고 믿었지요(인간 평등론). 그러기 위해서는 살기 좋은 조건을 만들어 줌과 동시에 백성을 잘 가르쳐야 한다고 생각했습니다(교육론).

교육은 자신의 몸을 잘 갈고닦는 것에서부터 시작합니다(수양론). 그렇게 잘 수양한 자는 가정에서는 부모에게 효도하고 형제와 우애하며, 그것이 확대되면 어른을 공경하고 친구와 친하게 지낼 수 있지요. 나라의 살림살이도 이와 비슷해서 왕은 부모의 마음으로 백성을 보살피고, 신하는 형제의 마음으로 백성을 사랑하게 됩니다(왕도 정치).

이렇게 모두가 즐겁게 잘 사는 것이 맹자가 꿈꾸는 나라였어요. 그래서 왕이 이러한 일을 잘 해내지 못하고, 백성을 괴롭힌다면 그 왕은 바꿔야 한다고 했지요(혁명론).

맹자는 자신이 꿈꾸는 세상을 이루기 위해 크게 세 가지 사상을 주장했습니다. 첫째, 인간은 누구나 선하게 태어났으며, 그 선한 마음을 잃지 않고 키운다면 위대한 성인이 될 수 있다고 했습니다. 둘째, 백성을 사랑하는 마음으로 그들과 더불어 즐겁게 살려면, 경제를 안정시키고 전쟁 대신 평화를 추구하는 정치를 해야 한다고 했습니다. 셋째, 한 나라가 이러한 모범을 보인다면 백성은 왕을 좋아하게 될 것이고, 모든 나라가 바르게 다스려질 것이라고 했습니다.

이제부터 맹자가 만들고자 했던 세상을 하나씩 살펴볼까요?

사람은 누구나 선하게 태어났습니다 : 성선론(性善論)

맹자는 말했습니다.

아는 것이 힘!

맹자의 성선을 반대한 유학자, 순자

맹자가 죽고 구 년 뒤에 조나라에서 태어난 순자는 50세에 제나라로 가, 직하학궁에서 좨주(오늘날의 대학 총장)를 세 번이나 지냈을 정도로 유명한 유학자입니다. 그는 당대의 사상을 잘 흡수해 현실적이고 과학적인 관점을 지녔고, 공자의 사상에 깊이 빠져 예악(禮樂)을 숭상하고 교육을 강조했지요. 그가 직접 쓴 《순자》는 32편으로 이루어진 대작인데, 공자의 어록인 《논어》의 체계를 따르려고 했습니다. 순자의 제자로는 한나라의 공자라고 불리는 한비자와 훗날 강대국이 된 진나라의 재상인 이사가 유명합니다. 법가 사상가인 이들은 순자에게 현실주의적 입장을 배워, 자신의 사상을 군주의 강력한 통치에 맞는 방식으로 더욱 발전시켰지요.

맹자가 사랑과 정의를 강조했다면, 순자는 예의와 교육을 강조했어요. 또 맹자는 사랑과 정의의 마음은 타고난 것이라고 했지만, 순자의 생각은 이와 반대였지요. 즉 인간의 본성은 악하지만, 이를 교육과 예의를 통해 순화시켜 착하게 만들어야 한다고요. 순자의 이야기를 직접 들어 볼까요?

순자(荀子, 기원전 298년~기원전 238년)
성악설을 주장한 전국 시대 말기의 유학자이자 대사상가입니다.

> 인간의 본성은 본래 악한 것이다. 선(善)이란 인위적으로 바로잡은 것이다. 인간의 본성은 태어나면서부터 이익을 좋아한다. 이 때문에 인간에게 서로 다투고 빼앗는 마음이 생기고 사양하는 마음이 없어지는 것이다. 태어나면서도 시기하고 미워하는 마음이 있어 잔악하고 해치는 마음이 생기고, 충성과 믿음이 사라진다. 또한 눈과 귀는 욕망에 사로잡혀 있어 음악과 여색을 좋아한다. 이 때문에 음탕하고 혼란스러운 일이 생기고 예의와 도리가 없어진다. …… 따라서 반드시 교육과 예의로 이끌어야 사양하는 마음이 생기고, 예의와 도리가 일치하여 다스려질 것이다. 그러니 인간의 본성은 악한 것이 분명하며, 선한 행동은 인위적으로 바로잡은 것이다.

선한 행동에 대해 맹자는 본성에서 자연스럽게 나왔다고 주장했지만, 순자는 인위적으로 바로잡는 것이라고 했어요. 순자는 맹자를 비현실적이라며 비판했지요. 여러분은 어떻게 생각하나요? 어느 입장이냐에 따라 인간과 교육을 바라보는 관점, 사회를 다스리는 태도 등이 달라지지요.

사람과 짐승의 차이점은 미미하다. 보통 사람은 그것을 잃고 군자는 그것을 간직하여 지킨다. _〈이루 하〉 19

그 미미한 차이가 뭘까요? 사람다움이지요. 사람다움은 착하고 올바른 것을 선택할 줄 아는 것입니다. 그런데 그 가능성은 배워서 갖게 되는 것이 아니라 씨앗을 마음속에 품고 태어난다고 합니다.

지금 갑자기 어린아이가 우물에 빠지려 하는 것을 본다면, 누구나 깜짝 놀라며 불쌍히 여기는 마음이 들 것이다. 이 마음은 그 아이의 부모와 친해지려 함도, 마을 사람들과 친구로부터 칭찬을 들으려 함도, 아이를 구하지 않을 경우 비난을 받을까 봐 생기는 것도 아니다. (사람이라면 저절로 생기는 것이다.) 이로 미루어 보자면, 불쌍히 여기는 마음이 없으면 사람이 아니다.

_〈공손추 상〉 6

위험에 처한 아이를 불쌍히 여기는 마음은 배워서 생긴 것이 아니지요. 맹자는 이 마음을 잘 지켜서 키워야 한다고 했어요. 뿐만 아니라 맹자는 인간에게 네 개의 팔다리가 있는 것처럼, 인간의 마음속에는 네 개의 씨앗이 있다고 봤어요. 불쌍히 여기는 마음, 부끄러워할 줄 아는 마음, 양보하는 마음, 옳고 그름을 따질 줄 아는 마음이지요. 잘 키워 자란 씨앗이 적게는 가족을 돌보고, 크게는 나라를 돌볼 수 있다고 생각했어요.

방심하지 말고 마음을 키워야 합니다 : 구방심(求放心)

맹자는 사람의 본성을 산에 비유해 말했습니다.

> 제나라에 있는 우산(牛山)은 이전에는 아주 울창했다. 하지만 도시 가까이에 있어 수많은 사람이 땔감이나 자재로 쓰기 위해 도끼로 나무를 찍어 대니 그 울창함을 유지할 수 있겠는가? …… 그런데 사람들은 이전의 우산은 기억하지 못하고 애초부터 나무가 없었다고 생각하니, 이 어찌 산의 본래 모습이랴. 사람도 마찬가지다. 누구인들 착하고 올바른 마음이 없을까. 하지만 사람들이 이 마음을 잃은 것은 마치 도끼로 나무를 찍는 것과 마찬가지다. 매일매일 찍으니 무엇할 수 있겠는가? _〈고자 상〉 8

나무가 무성한 산의 나무를 다 찍어 없애면 나무가 자랄 수 없듯이, 우리의 착한 마음도 매일 도끼로 찍어 없애면 자랄 수 없어요. 나무를 자라게 하려면 거름도 주고 물도 주며 잘 보살펴야지요. 그런데 현실을 보면, 이 나무를 잘 키우기보다는 찍어 없애는,

즉 착함을 선택하지 않는 사람들이 많습니다. 개인적인 욕심이나 돈, 지위 때문에 착함보다는 악함을 선택하는 것이지요. 이런 사람은 '마음을 잃어버린' 사람들입니다. 맹자는 그 잃어버린 마음을 찾아서 다시 잘 키워 가족뿐만 아니라 이웃과 나라, 세상을 끌어안는 사람이 되자고 합니다. 그렇게 커진 마음을 '호연지기(浩然之氣)'라고 하지요.

안연(顔淵, 기원전 521년?~기원전 491년?)_ⓒ 대만국립고궁박물원
중국 춘추 시대 노나라 사람으로, 공자의 제자입니다. 안호, 안자연이라고도 불렀습니다. 덕이 높아 공자의 가장 촉망받는 제자였지만 안타깝게도 공자보다 먼저 세상을 떠났습니다.

누구나 성인이 될 수 있습니다 : 인간 평등론

맹자는 공자의 제자 안연의 말을 빌려 사람은 모두 같음을 강조했어요.

> 공자의 제자인 안연은 말했다. 위대한 임금 순은 어떤 사람인가? 나는 어떤 사람인가? 무엇을 해내는 사람이라면 나도 역시 같은 사람이다. _〈등문공 상〉 1

공자의 수제자인 안연은 아득한 옛적 위대한 순임금과 자신을 비교하면서 무엇을 해내려 한다는 점에서 같은 인간이라고 말했어요. 착하고 올바른 마음을 키워 실천한다는 점에서 본다면 역사적으로 위대한 인물이나 우리나 같다고 볼 수 있지요.

맹자가 제나라에 있을 때, 재상인 저자가 맹자를 찾아와 그의 삶이 특별한 이유가 무엇이냐고 묻자 한마디로 대답합니다.

"왕께서 선생님을 살펴보라고 하시니, 선생님은 보통 사람과 다른 것이 있습니까?"
"보통 사람과 어찌 다르겠습니까? 요임금과 순임금, 그리고 나도 모두 보통 사람과 똑같습니다." _〈이루 하〉 32

맹자는 착함을 선택하고 끝까지 지켜 나간다면, 누구나 위대한 성인이 될 수 있다고 했어요. 그러니까 성인과 보통 사람의 다른 점은 착함을 좋아하고, 착한 말을 잘 듣고, 착한 행동을 하면서, 착한 사람들과 함께 착한 세상을 만들기 위해 끝까지 노력하느냐, 하지 않느냐의 차이일 뿐입니다.

백성이 근본입니다 : 민본주의(民本主義)

맹자는 착하고 올바른 정치로 나라를 잘 다스리려면 가장 먼저 무엇을 해야 하는지 말했습니다.

이 세상에서 백성이 가장 귀하다. 사직*은 그다음이고 임금은

사직(社稷)
고대 중국에서 천자나 제후가 제사를 지내던 토지신과 곡신을 가리킵니다.

가볍다. 그러므로 백성의 마음을 얻으면 임금이 되고, 임금의 마음을 얻으면 제후가 되고, 제후의 마음을 얻으면 대부가 된다.

_〈진심 하〉 14

백성의 마음은 하늘의 마음이라는 말이 있습니다. 나라를 다스리려는 사람은 무엇보다 백성의 마음을 잘 살펴야 합니다. 그 마음은 위에서 살펴본 것처럼 착하고 올바른 것을 실천하려는 마음입니다. 편안하고 즐겁게 살려는 마음입니다. 그 마음을 살피며 정치를 하는 사람이 백성의 마음을 얻을 수 있습니다. 백성의 마음을 얻으면 나라가 태평해집니다.

맹자가 말했다. 제후의 보배는 세 가지가 있다. 토지, 백성, 정치가 그것이다. 이것 대신에 귀한 보석을 보배로 여기면 그에게는 반드시 재앙이 닥친다. _〈진심 하〉 28

우리나라 헌법에도 쓰여 있지요. "대한민국의 모든 권력은 국민으로부터 나온다." 맹자는 당시 많은 나라가 군주의 권력을 중심으로 나라를 다스리려고 할 때 백성이 근본임을 외치고, 백성을 보배로 삼고, 백성의 마음을 살펴 착하고 올바른 정치를 하길 바랐습니다.

하필 이익을 말합니까? 사랑과 정의가 있을 뿐입니다
: 인정론(仁政論)·여민동락(與民同樂)·정전제(井田制)

맹자가 말한 착하고 올바른 정치는 사랑과 정의를 실천하는 일입니다.

> 사랑은 사람이 편안히 쉴 수 있는 집이요, 정의란 사람이 바르게 걸을 수 있는 길이다. 편안한 집을 텅 비워 놓고 살지 않으며, 바른길을 버려두고 가지 않는다면 이 어찌 슬픈 일이 아니겠는가.
> _〈이루 상〉 10

《맹자성적도》
《맹자》〈양혜왕 상〉 편 이야기 중 하나입니다. 양나라 혜왕은 맹자에게 나라를 이롭게 하는 방법을 묻습니다. 맹자는 왕에게 '사랑과 정의'로 나라를 다스리라고 답합니다.

사랑이 넘치는 집, 정의가 강물처럼 흐르는 나라가 가장 편안합니다. 사랑과 정의가 아예 없다고 하는 사람을 '자기를 해치는 사람'이라 하고, 그것을 실천할 수 없다고 하는 사람을 '자기를 버리는 사람'이라 합니다. '자포자기(自暴自棄)'란 말이 여기서 나왔어요. 중국 고대 왕 중 폭군인 걸왕과 주왕은 사랑과 정의를 망각하고 실천하지 않아 결국 왕위를 빼앗기지요. 반면 은나라의 탕왕과 주나라의 무왕은 사랑과 정의를 실천하여 나라를 바로 세울 수 있었습니다.

맹자는 바로 이 사랑과 정의의 정치를 주장했습니다. 군주가 자신의 이익을 추구하는 정치를 버리고, 사랑과 정의를 실천하는 정치를 펼칠 때 나라가 편안해지고 온 백성의 마음도 얻을 수 있다고 합니다.

그러면 사랑과 정의는 어떻게 나타날까요? 왕이 자신의 이익만을 위해 백성을 다그치거나 괴롭히지 않고 그들과 더불어 즐거움을 나누는 마음으로 정치를 펼치면 됩니다. 같은 연못을 만들더라도 백성과 함께 그 연못을 즐긴 주나라 문왕은 백성의 칭송을 받고, 자신만 즐긴 폭군 걸왕은 백성에게 원망을 샀다는 이야기가 〈양혜왕 상〉 편에 나옵니다.

맹자가 제나라 선왕을 만났을 때 나눈 대화입니다.

《맹자성적도》
《맹자》〈양혜왕 하〉 편에서 맹자와 제나라 선왕의 대화를 나타낸 그림입니다. 맹자는 제ㄴ-라 선왕에게 왕도 정치를 행하는 방법에 대해 알려 줍니다.

"왕께서 언젠가 신하인 장포에게 음악을 좋아한다고 하셨다는데 사실입니까?" 왕이 얼굴을 붉히며 말했다. "나는 이전 왕께서 좋아하신 궁중 음악을 좋아하는 것이 아니라, 그저 거리에 떠도는 백성의 음악을 좋아했을 뿐입니다." 맹자가 말했다. "왕께서 그처럼 음악을 좋아하신다면 제나라 통치쯤이야 문제 될 것이 없습니다. 요즘 음악이나 옛 음악이나 같은 것입니다." 선왕이 물었다. "무슨 말씀이신지 좀 가르쳐 주실 수 있겠습니까?" 맹자가 말했다. "혼자서 음악을 즐기는 것과 모두 함께 음악을 즐기는 것 중 어느 것이 더 즐겁겠습니까?" "모두 함께 즐기는 것이겠지요." "그러면 음악을 몇몇 사람과 즐기는 것과 많은 사람과 더불어 즐기는 것 중 어느 것이 더 즐거울까요?" "물론 많은 사람과 함께하는 것이지요." _〈양혜왕 하〉 1

혼자 즐기는 음악, 혼자 먹는 밥, 혼자 버는 돈, 혼자 잘 사는 것, 혼자 행복한 것은 오래가지 못합니다. 우리는 많은 사람과 더불어 살기 때문입니다. 하물며 왕은 백성과 함께하는데 혼자 즐거우면 되겠습니까. 당연히 혼자보다는 여럿이 낫고, 또 보다 많은 사람이 함께 즐기고 행복한 편이 낫겠지요. 맹자는 왕에게 백성과 더불어 즐기라고 하는데, 이를 여민동락이라 합니다. 그렇다면 더불어 즐기기 위해서는 구체적으로 어떻게 해야 할까요?

밭 갈고 씨 뿌리는 것을 잘하고, 세금을 가볍게 하면 백성을 풍족하게 할 수 있다. 제철에 맞는 것을 먹고, 절제하여 소비하면 재물은 다 쓸 수 없다. 백성은 물과 불이 없으면 살지 못한다. 누군가 남의 집 문을 두드려 물과 불을 구하려 할 때, 모두 나누어 주는 이유는 물과 불이 모자라지 않기 때문이다. 성인이 세상을 다스리면 양식이 마치 물과 불처럼 풍족하게 된다. 양식이 풍족한데, 착하지 않은 백성이 어디 있겠는가? _〈진심 상〉 23

백성이 즐기려면 재물과 양식이 풍부해야 합니다. 재물과 양식

개인의 땅(사전, 私田) 1	개인의 땅 2	개인의 땅 3
개인의 땅 4	국가의 땅(공전, 公田) 5	개인의 땅 6
개인의 땅 7	개인의 땅 8	개인의 땅 9

이 풍부하면 착하게 살게 되지요. 그러기 위해서는 백성에게 '지속적인 생산'이 가능한 여건을 마련해 줘야 합니다. 맹자가 살던 시대에는 대부분 농사를 지었기 때문에 농지를 풍족하게 나누어 주어 때맞춰 농사를 지을 수 있도록 해야 했습니다.

맹자는 이를 위해 정전제*를 주장했지요. 정전제는 토지를 관리하는 제도 중 하나입니다. 정(井)의 한자 모양대로 땅을 아홉 등분으로 나누어 경작하게 하여, 가운데 땅에서 나온 수확물은 세금으로 거두고 나머지 땅에서 나온 것은 농사를 지은 백성들이 갖게 하는 제도입니다. 당시 소득의 9분의 1만을 세금으로 거둬들이자는 맹자의 주장은 가히 혁명적이었습니다. 굶주리는 날이 빈번했

정전제(井田制)
토지를 '정(井)'자로 아홉 등분하여 8호 농가가 각각 한 구역씩 경작하고, 가운데 한 구역만 8호가 공동으로 경작하여 수확물을 국가에 세금으로 바치는 토지 제도입니다. 중국 주나라 주공에 의해 정비되었고, 공자와 맹자 등 유학자들이 이상적으로 생각한 제도입니다.

던 백성에게는 구원의 소리였지요. 하지만 이를 실제로 시행하는 나라는 거의 없었다는 것이 역사적 비극입니다.

힘의 정치가 아니라 덕의 정치를 해야 합니다
: 왕도 정치(王道政治) · 전쟁 반대

> 힘으로 세상을 다스리는 자는 패자가 되는데, 패자는 반드시 큰 나라가 있어야 한다. 하지만 사랑을 진실로 실천하면 왕이 될 수 있고, 왕은 큰 나라가 필요 없다. 은나라 탕왕은 사방 칠십 리 땅으로 시작했고, 주나라 문왕은 사방 백 리 땅으로 시작했다. 힘 때문에 사람에게 복종하는 것은 마음까지 진심으로 복종하는 것이 아니다. 힘이 부족해서 어쩔 수 없이 복종한다고 생각하기 때문이다. 사랑으로 사람을 대하면 상대는 마음으로 기뻐하며 진정으로 복종한다. _〈공손추 상〉 3

맹자는 무력으로 다스리는 것을 패도 정치라 했고, 사랑으로 다스리는 것을 왕도 정치, 덕의 정치, 사랑의 정치라 했습니다. 힘으로 다스리면 백성이 겉으로는 복종할지 모르지만, 결코 마음은 즐겁지 않겠지요. 왕이 나라를 사랑으로 다스려 왕과 백성 모두가 즐거워야 올바른 정치요, 백성 또한 진정으로 복종할 것입니다.

하지만 전국 시대의 강대국들은 모두 왕도 정치를 외면하고 패도 정치를 했어요. 나라를 부유하게, 군대를 강하게 한다는 부국강병의 구호 아래 백성을 전쟁터로 내몰고 강력한 법으로 규제했으며, 가혹한 세금으로 못살게 굴었지요. 이렇듯 사랑의 마음을 잃은 채 정치를 하면, 나라와 백성 모두를 위험하게 만듭니다.

맹자는 강대국 양나라의 혜왕을 어떻게 평가할까요?

양혜왕은 정말 어질지 못하구나! 어진 사람은 자기가 사랑하는 것으로 자신이 사랑하지 않는 것에게까지 좋은 영향을 주지만, 어질지 않은 사람은 자신이 사랑하지 않는 것으로 자기가 사랑하는 것까지 영향을 끼치게 한다. _〈진심 하〉 1

양나라 혜왕은 전쟁에서 번번이 패하자 화가 나서 자신이 사랑하던 아들마저 전쟁터로 내몰아 죽게 만들고, 백성의 뼈와 살이 문드러지게 했다고 맹자는 한탄합니다.

잘못된 임금은 당장 바꿔야 합니다 : 혁명론(革命論)

그러면 폭력을 일삼으며 백성을 괴롭히고 나라를 위태롭게 만드는 왕은 어찌해야 할까요? 아래 이야기를 읽어 봅시다.

제나라 선왕이 물었다. "은나라 탕왕이 하나라의 걸왕을 내쫓고, 주나라의 무왕이 은나라의 주왕을 정벌한 것이 사실입니까?" 맹자가 대답했다. "옛 책에 기록이 있습니다." 선왕이 또 물었다. "그렇다면 신하가 군주를 시해[*]할 수 있습니까?" 맹자가 대답했다. "사랑을 해치는 자를 도적이라 하고, 정의를 해치는 자를 폭력배라 합니다. 그런 자를 죽였다는 말은 들었어도, 임금을 시해했다는 말은 듣지 못했습니다." _〈양혜왕 하〉 8

시해
부모나 임금을 죽이는 것을 말합니다.

맹자는 강대국의 왕 앞에서 고대의 폭군을 '도적'이자 '폭력배'라 하고, 그런 사람은 죽어도 마땅하다는 투로 이야기합니다. 제나라 선왕의 간담이 서늘했겠네요. 맹자 시대에 왕은 하늘과 같은 존재였지만, 맹자는 그릇된 왕은 끌어내려야 한다고 당당히 말합니다.

맹자는 군주는 가볍고, 백성은 무겁다고 말합니다. 백성의 마음이 곧 하늘의 마음이라고도 했지요. 그래서 백성의 마음을 읽지 못하고 백성을 괴롭히는 왕은 더 이상 그 자격이 없는 것입니다. 또 백성이 있어야 나라가 존재하기 때문에, 왕은 바꿀 수 있지만 백성은 바꿀 수 없습니다.

동양의 인성론과 서양의 인성론

인간의 본성을 탐구하는 인성론은 동서고금을 막론하고 우리에게 매우 중요한 관심사입니다. 모든 일은 그 시작이 중요하지요. 사람의 삶은 태어나면서부터 시작하는데, 태어날 때 어떠한 사람인지에 따라 그 사람 삶의 큰 방향이나 모습을 짐작할 수 있습니다. 또 사회는 이러한 사람들이 모여서 만들어지니 그 사회를 구성하는 인간의 참모습을 밝히는 탐구는 필수적인 것이지요. 그런 의미에서 인성론은 사회를 이해하는 기초가 되는 것입니다. 인성론의 차이에 따라 교육론, 정치론 등이 달라집니다. 여러분은 사람이 어떻게 태어났다고 생각하나요?

태어날 때부터 착하게 태어났다고 생각하는 것을 성선설(性善說)이라고 합니다. 인간을 근본적으로 신뢰하는 이론이지요. 물론 이 이론이 현재를 사는 모든 사람이 착하다고 말하는 것은 아닙니다. 태어날 때는 선하게 태어났다고 하더라도, 살면서 나쁜 행동을 일삼는다면 악한 사람이 되겠지요. 마치 거울이 처음 만들어졌을 때는 깨끗하지만, 쓰면 쓸수록 먼지가 묻고 때가 타서 더러워지는 것처럼요. 거울이 더러워지면 어떻게 해야 할까요? 거울을 닦아 본래의 깨끗한 모습으로 바꿔야겠지요. 이렇게 자신을 닦는 것을 수양(修養)이라고 합니다. 성선설을 주장하는 대표적인 사상가로, 동양에서는 맹자를 서양에서는 루소를 꼽습니다.

한편 인간은 악하게 태어난다고 생각하는 사람도 있는데, 이러한 주장을 성악설(性惡說)이라고 합니다. 인간의 욕심, 욕망의 위험함을 경계하는 이론이지요. 성악설은 결코 인간은 악하게 살아야 한다고 주장하는 것이 아닙니다. 비록 악하게 태어났지만, 교육이나 제도를 통해 인간의 악함을 없애야 한다고 하지요. 성악설을 주장하는 사상가는 동양에서는 순자, 서양에서는 홉스를 대표적으로 꼽습니다.

	동양	인성에 대한 입장	서양
선	맹자	성선설	루소
악	순자	성악설	홉스
없음	고자	성무선악설	로크
선 악	왕충	성선악혼설	플라톤

장 자크 루소(Jean-Jacque Rousseau, 1712년~1778년) _ⓒ 앙투안레퀴에미술관
프랑스의 사상가이자 작가로, 인간은 태어날 때부터 도덕관념을 타고난다고 생각했습니다. 인간은 출신과 무관하게 모두 평등하다고 했습니다.

토마스 홉스(Thomas Hobbes, 1588년~1679년) _ⓒ 런던국립초상화박물관
영국의 철학자이자 법학자로, 순자처럼 인간의 본성을 악하다고 하여 '서양의 순자'로 불립니다.

존 로크(John Locke, 1632년~1704년) _ⓒ 예르미타시박물관
영국의 계몽사상가이자 자유주의 이론가입니다. 그의 사상은 미국 독립 선언문에도 반영되어 있으며 민주주의의 발전에 크게 기여했습니다.

플라톤(Platon, 기원전 427년~기원전 347년) _ⓒ 카피톨리노박물관
고대 그리스 철학자로 대표작 《국가》에서 인간의 영혼을 이성·의지·욕망으로 구분하고, 비합리적인 의지나 욕망을 합리적인 이성에 의해 통제해야 한다고 했습니다.

이와 달리 인간은 선하지도 악하지도 않은 순수한 상태로 태어난다고 주장하는 이론이 있는데, 성무선악설(性無善惡說)이라고 합니다. 그림 그리기 전의 하얀 종이를 떠올려 보세요. 그 종이에 어떠한 그림을 그리느냐에 따라 작품이 달라지지요. 이처럼 사람은 순수한 백지상태로 태어났는데 어떠한 방향으로 이끄느냐에 따라 선하게 혹은 악하게 달라진다고 보는 것입니다. 대표적으로 동양의 고자, 서양의 로크가 이 이론을 주장했습니다.

이외에도 인간은 태어날 때 선함과 악함을 함께 가지고 태어난다는 주장도 있는데, 이를 성선악혼설(性善惡混說)이라고 합니다. 성품을 착하게 키르면 선해지고, 악하게 기르면 악해진다고 하지요. 동양에서는 왕충(王充, 27년~100년), 서양에서는 플라톤이 이 이론을 주장했습니다.

인간 본성에 대한 네 가지 이론은 사람이 태어날 때 지니고 있는 선과 악의 상태를 다르게 주장하고 있습니다. 하지만 사람이 살아가면서 선한 것을 추구해야 한다는 방향성에 있어서는 같지요. 다만 이를 실천하기 위한 접근 방법이 다르기 때문에 인성론에 따라 교육과 정치의 방향과 방법이 달라질 수밖에 없습니다.

4. 맹자와 대결했던
사상가들

《맹자》의 〈등문공 하〉 9장에서 맹자의 제자인 공도자가 이렇게 말합니다. "바깥에서 선생님더러 논쟁을 좋아한다고 수군거립니다. 왜 그런 것입니까?" 그러자 맹자가 대답하지요. "내가 논쟁을 좋아한다고? 시대적 상황 때문에 어쩔 수 없이 싸운 것이다."

　맹자가 살던 전국 시대는 중국 전체를 다스렸던 주나라의 권위가 떨어지면서, 제후들이 스스로 왕을 자칭했던 시대입니다. 왕을 자칭한다는 것은, 주나라의 명령을 따르지 않고 제후들이 자신의 나라를 독립적으로 다스린다는 뜻입니다. 가령 미국을 구성하는 각 주의 우두머리가 독립을 주장하며 나라를 세운 셈이지요. 주나라의 권위만 무너졌을까요? 아닙니다. 제후국을 다스리는 군주들의 권위도 위태로웠습니다. 전국 시대는 군주의 권위를 무시하고 신하인 대부들이 반란을 일으킨 사건에서 시작합니다. 진(晉)나라가 한나라, 위나라, 조나라로 나뉜 것이 바로 전국 시대의 출발이지요. 제후들의 반란에 이어, 대부들도 반란을 일으킨 것입니다.

권위와 질서가 무너지자, 너도나도 나라의 주인이 되겠다고 나서기 시작합니다. 예의와 질서는 사라지고 약육강식의 패권만이 남았지요. 정의보다 이익을 추구하는 사람이 넘쳐났습니다. 이렇게 무질서한 시대에 지식인들까지 저마다의 사상을 만들고, 여기저기 이야기하며 돌아다닙니다. 각 나라의 군주는 그 이야기를 들어 본 후에 자신에게 이익이 되는 사상가를 잘 대접하고 그들에게 벼슬을 내렸지요. 사상가들은 점점 더 군주에게 아부하고 자신이야말로 이익을 줄 수 있다고 선전했습니다. 백성은 점점 궁핍해지는데, 군주에게 인정받은 사상가들은 후한 대접을 받는 시대였습니다.

맹자는 백성의 삶을 더욱 궁핍하게 만들고, 사랑과 정의를 외면한 사상가가 많이 활동하는 시대에 살았습니다. 그러니 어쩔 수 없이 자신과 다른 주장을 펼친 사상가들과 논쟁을 벌일 수밖에 없었지요. 맹자가 벌인 논쟁은 단순히 학술계에서 벌어진 것이 아니라, 나라의 존폐와 백성의 안위를 생각해야 하는 절체절명의 시대에 벌어진 것입니다. 그러면 맹자와 대결했던 사상가는 누구인지 알아볼까요?

《맹자성적도》
《맹자》〈등문공 하〉편 중 맹자가 제자 공도자와 대화하는 장면을 그린 그림입니다. 세상 사람들은 맹자가 논쟁을 좋아한다고 수군거리는데 왜 그런 것이냐고 공도자가 묻자, 맹자는 시대가 그러하니 어쩔 수 없다고 답합니다.

이기주의와 이타주의가 건강한 사회를 만들 수는 없습니다
: 양주와 묵자 비판

맹자는 공자의 뒤를 이어 유학을 주장했는데, 유학의 기본은 군주와 부모의 존중입니다. 맹자는 나라가 있으려면 군주가 있어야 하고, 가족이 있으려면 부모가 있어야 기본적인 규칙과 제도가 마련된다고 주장했습니다. 그런데 이러한 질서를 파괴하는 사상이 바로 양주와 묵자의 사상이라고 했지요.

> 양주와 묵자의 주장이 온 세상에 가득 찼다. 온 세상의 주장이 양주에게 돌아가지 않으면 묵자에게로 돌아갔다. 양주는 오직 자신만을 위하는 이기주의를 외치니, 이것은 군주를 부정하는 것이다. 묵자는 나와 남을 동등하게 사랑하자는 이타주의를 외치니, 그러면 아버지를 부정하는 것이다. 아버지와 군주를 부정하면 짐승과 다를 바 없다. _〈등문공 하〉 9

양주는 남을 위한다는 생각을 버리고 자신을 위해 살라고 합니다. 이기적인 생각이지요. 맹자는 이러한 생각이 퍼지면, 공동체가 파괴되고 나라의 질서마저 무너져 사회는 건강하게 유지될 수 없다고 했습니다.

묵자는 묵가 사상을 창시한 사람으로 '서로 사랑하고, 나누라.'

고 주장했습니다. 박애주의자이자 이타주의자라고 할 수 있지요. 무차별적인 사랑을 말하면서 가족의 사랑을 중시하는 유학 사상을 비판했습니다. 반대로 맹자는 묵가의 사상을 유학의 기본인 가족을 파괴하는 위험한 것으로 보았지요. 맹자에게 있어 가족이야말로 사랑과 정의의 기초이고 정치의 시작이었습니다. 부모가 자식을 사랑하듯 군주는 백성을 사랑하고, 형제가 서로 우애를 다지듯 사람들이 우정을 나누는 세상을 꿈꿨습니다. 그런 맹자에게 가족을 파괴하는 듯한 발언을 하는 묵자는 실로 위험했지요.

한편 묵자는 선한 이익의 추구는 모든 사람에게 도움을 준다고 주장했습니다. 하지만 맹자는 이익의 추구는 결국 나라를 망친다고 생각했어요. 양나라 혜왕이 맹자에게 "어떤 이익을 주시려고 왔습니까?"라고 묻자, "하필 이익을 말씀하십니까? 사랑과 정의가 있을 뿐입니다."라고 대답할 정도로 이익을 추구하는 전국 시대의 풍토를 싫어했습니다. 이익보다는 사랑과 정의를 추구하면 나라가 잘 다스려진다는 것이 맹자의 핵심 주장이었습니다.

모두가 농사를 지을 필요는 없습니다 : 농가 비판

맹자가 등나라로 가서 문공의 정치를 돕자, 문공이 어진 정치를 한다는 소문을 듣고 사방에서 많은 무리가 몰려왔습니다. 그중에는 농사의 신이라 불리는 신농씨를 따르는 농가 사상가 허행과 그 일행도 있었지요. 그들은 모든 사람은 농사를 짓고, 자급자족하는 공동체 생활을 해야 한다고 주장했습니다. 문제는 그 모든 사람 안에 왕과 신하까지도 포함된다는 것입니다. 사회적 지위와 역할을 고려하지 않은 주장이지요. 그러자 맹자는 말합니다.

국가를 다스리는 일이 농사를 지으면서 동시에 할 수 있는 일이냐? 관리가 해야 할 일이 있고 백성이 해야 할 일이 있다. 사람에게는 각종 기술자가 만든 물건이 모두 필요하다. 만약에 모든 것을 스스로 만들어 사용해야 한다면, 이는 사람을 이리저리 이끌어 피곤하게 만드는 것이다. 그래서 어떤 사람은 정신노동을 하고, 어떤 사람은 육체노동을 한다. 마음을 쓰는 사람은 남을 통치하고, 육체를 쓰는 사람은 통치를 받는다. 통치를 받는 사람은 다른 사람을 먹여 살리고, 통치하는 사람은 그 사람에 의지해서 살아간다. 이것은 세상 어디에서든 두루 통하는 원칙이다.

_〈등문공 상〉 4

신분 제도를 옹호하며 왕은 왕답게, 신하는 신하답게, 백성은 백성답게 살아야 한다고 생각하는 맹자는 모든 사람이 농사를 짓고 자급자족해야 한다고 주장하는 농가의 사상이 마음에 들지 않았습니다. 몸을 쓰는 백성과 마음을 쓰는 군주, 지식인은 다르다고 본 것이지요.

외교만으로 과연 나라를 다스릴 수 있을까요?
: 종횡가 비판

외교를 통해 세상을 다스릴 수 있다고 본 사상가를 종횡가라고 합니다. 소진과 장의*가 대표적인 인물이지요. 《맹자》에는 경춘이라는 사람이 등장하는데, 이 사람이 맹자를 만나 공손연*과 장의를 예로 들며 이들이야말로 천하의 대장부라고 말합니다. 하지만 맹자가 보기에 종횡가는 자신의 성공을 위해 이리저리 기웃거리면서 왕의 환심을 사려는 자들로밖에 보이지 않았어요. 한 왕에게 충성해야 하는 것이 대장부의 도리인데, 여러 왕을 한꺼번에 섬겼으니까요. 맹자는 진짜 대장부를 다음과 같은 사람이라고 말합니다.

> (대장부는) 세상의 넓은 곳에 살고, 세상의 바른 곳에 서고, 세상의 큰길을 걸어간다. 뜻을 얻으면 백성과 더불어 바른길을 실천하고, 뜻을 얻지 못하면 홀로라도 그 바른길을 걸어간다. 부귀도 그를 타락시킬 수 없고, 가난도 그를 비굴하게 만들지 못하며,

---

소진과 장의
소진과 장의는 종횡가의 시조라 할 수 있는 귀곡 선생 밑에서 함께 공부했습니다. 소진은 강대국인 진나라에 대항하기 위해서는 나머지 강대국인 여섯 개 나라가 힘을 합쳐야 한다는 합종(合從)을 주장했고, 장의는 진나라를 찾아가 여섯 나라의 합종을 막는 방책으로 연횡(連橫)을 주장했습니다. 각 나라와 독립적으로 동맹을 맺어 따로 통제해야 한다는 것입니다. 이 합종과 연횡을 합쳐 '합종연횡'이라 하고, 이들의 외교 전략을 계승하는 사상가를 종횡가라 부릅니다.

공손연(公孫淵, ?~237년)
위나라 사람으로 성은 공손이고 이름은 연입니다. 공손연은 합종뿐만 아니라 연횡책도 자유자재로 구사한 종횡가의 대표적인 인물입니다. 맹자가 양혜왕 곁에 있을 당시 공손연은 양나라의 재상이었기 때문에 맹자는 공손연을 가까이에서 볼 수 있었습니다

위력과 무력도 그를 굴복시키지 못한다. 이런 사람이야말로 대장부다. _〈등문공 하〉 2

세 치 혀로 이 나라 저 나라를 돌아다니며 자신의 부귀영화만 꾀하는 종횡가는 아무리 그 권세가 막강하다 할지라도 맹자가 보기에는 대장부가 아니라 졸장부입니다. 올바른 길이 아니면 가지 않았던 맹자는 자신의 이익만 생각하며 나라의 존망을 좌지우지하는 종횡가들이 참으로 미웠을 것입니다. 사마천의 《사기》에서도 엄청난 분량을 차지하는 종횡가이지만, 맹자는 그들을 가차 없이 비판하면서 진짜 대장부가 어떤 사람인지 말하고 있습니다.

모든 인간은 선한 마음을 지니고 태어납니다
: 성무선악설(性無善惡說) 비판

맹자가 제나라에 있을 때 여러 사상가와 토론을 했는데, 그중에서 고자*와 논쟁한 것이 유명합니다. 《맹자》에서도 아예 〈고자〉 편을 따로 만들어 전반부에 이 논쟁을 소개하고 있어요. 이를 본성 논쟁이라고 합니다. 고자는 인간의 본성은 선하지도 악하지도 않다는 '성무선악설'을 주장한 반면, 맹자는 인간은 본래 선하게 태어난다는 '성선설'을 주장했습니다. 다양한 측면의 논쟁 중에서 가장

고자(告子, ?~?)
중국 전국 시대 사상가로 이름은 불해입니다. 고자의 존저는 《맹자》 속 〈고자〉 편을 통해서만 알 수 있습니다.

중요한 것은 본성을 물에 비유하여 논쟁한 부분이지요.

고자는 말합니다. "인간의 본성이란 여울목과 같지 않을까요? 휘몰아치는 여울목을 동쪽으로 트면 동쪽으로 흐르고, 서쪽으로 트면 서쪽으로 흐르지요. 본래 인간의 본성은 선과 악의 구분이 없습니다. 물의 흐름이 동과 서를 구분하지 않는 것처럼 말입니다."
맹자는 반박하며 말합니다. "선생의 말처럼 물이란 동서를 구분하지 않지만, 그렇다고 위아래를 구분하지 못하겠습니까? 인간의 본성이 선한 것은 마치 물이 아래로 흐르는 것과 같습니다. 물이 언제나 아래로 흐르듯 인간의 본성은 선을 추구하기 마련이지요." _〈고자 상〉 2

사실 이 논쟁은 무엇이 맞는지 가릴 수 없습니다. 인간의 본성에 대해서는 이외에도 수많은 논쟁이 가능하니까요. 예를 들면 인간의 본성에는 선함과 악함이 같이 있다고 볼 수도 있고, 혹은 사람마다 가지고 태어나는 본성이 다르다고 말할 수도 있어요. 그리고 맹자를 비판한 또 다른 유학자 순자처럼 인간의 본성은 악하다고 주장할 수도 있지요.

그런데 왜 맹자는 유독 인간의 본성이 선하다고 말했을까요?

그 까닭은 인간에게 선한 가능성이 없다면 교육도, 수양도, 정치도, 백성을 근본으로 삼는 사상도 그 근거를 잃는다고 생각했기 때문입니다. 맹자는 선한 인간의 본성 때문에 인간 스스로 올바른 선택을 할 수 있고, 선한 마음을 더욱 가꾸면 성인의 경지에 도달할 수 있다는 주장을 펼쳤지요.

올바른 나라는 사랑과 정의를 실천하는 나라입니다
: 병가와 법가 비판

양주와 묵자가 백성이 환호하는 사상가였다면, 전국 시대의 군주들은 강력한 법으로 그들에게 힘을 실어 주는 법가와 강한 군대를 양성하여 전쟁에서 승리하자는 병가 사상가에게 환호했습니다. 이들은 부국강병을 내세우며 패도 정치를 주장했어요. 맹자가 만난 강대국 양나라 혜왕이나 제나라 선왕 역시 맹자의 사상보다는 이들의 사상을 선호했지요.

> '나는 전쟁을 잘한다.'고 말하는 자는 아주 큰 죄를 저지른 것이다. 정의로운 전쟁은 많은 군사가 필요치 않다. 왕이 어진 정치를 펼치면 세상에 그를 대적할 자가 없기 때문이다. _〈진심 하〉 4

'나는 왕을 위해 토지를 넓히고 세금을 잘 거둬들이고, 국고를 가득 채울 수 있다.' 오늘날 말하는 좋은 신하는 옛날에 말하던 백성을 해치는 자들이다. _〈고자 하〉 9

맹자가 생각하는 정의로운 나라는 군사력으로 남을 정복하는 나라가 아니라 사랑과 정의를 실천해 백성을 풍요롭고 행복하게 만드는 나라였습니다. 이는 공자로부터 이어져 온 유학의 큰 흐름이었지요. 맹자는 자신이야말로 공자의 뒤를 잇는 유학자라는 자부심을 느끼며 살았어요.

아는 것이 힘!
맹자가 사랑한 사람들

맹자는 입만 열면 요순을 말했다고 합니다. 요임금, 순임금을 삶의 기준으로 삼았지요. 한편 맹자는 공자를 마음 깊이 존경했습니다. 《맹자》를 읽어 보면 맹자의 공자 사랑이 얼마나 지극한지 알 수 있어요. 맹자가 사랑하고 본받으려 했던 사람들을 살펴볼까요?

● 요순 시대
요임금과 순임금은 비록 작은 나라를 다스리는 임금이었지만, 중국이 태평천하를 이루었던 시대의 임금입니다. 맹자는 요임금을 위대한 임금으로 높이 평가했습니다. 왜냐하면 요임금은 왕이 마땅히 해야 할 사랑과 정의의 정치를 펼친 사람이고, 자식이 아닌 효성이 지극하기로 널리 알려진 순에게 권력을 물려주었기 때문이지요.
순임금은 자신을 미워한 계모와 동생을 끝까지 사랑했어요. 요임금이 공주를 순에게 시집보내고 호화로운 삶을 제공해도 그 마음은 결코 변치 않았지요. 또한 순은 아무리 미천한 백성이라도 선한 말과 행동을 하면, 끝까지 그 백성과 더불어 즐거움을 누릴 줄 아는 임금이었습니다.

● 하은주 시대
하나라를 세운 우임금은 거친 물길을 바로잡아 중국을 풍요롭게 했으며, 누구보다도 행동으로 백성의 삶을 보살폈던 임금입니다.

요임금(왼쪽)과 순임금
요임금은 중국 고대 신화에 등장하는 제왕인 삼황오제 가운데 한 사람입니다. 순임금과 함께 오늘날까지 훌륭한 군주로 추앙을 받고 있으며, 두 임금이 다스리던 태평한 시기를 요순 시대라고 부르기도 합니다.

은나라를 세운 탕왕은 좋은 신하인 이윤을 얻기 위해 그를 세 번이나 찾아가 만났으며, 매일 새로워지기를 간절히 바라면서 왕의 임무에 최선을 다했습니다. 그는 또한 어느 한쪽으로도 치우치지 않는 중용을 지키기 위해 노력했지요. 그의 재상이었던 이윤은 탕왕을 보필하여 은나라를 잘 다스렸어요. 탕왕의 아들인 태갑이 문제를 일으키자 그를 쫓아냈다가, 이후 정신을 차리자 다시 왕위에 앉히는 공평무사함을 보여 주었습니다.

주나라의 시조인 고공단보는 오랑캐가 쳐들어오자, 백성의 안녕을 위해 나라를 떠나 오지로 갔지만, 백성이 그의 어진 정치를 그리워하며 그가 있는 곳까지 찾아왔을 정도로 훌륭한 지도자였습니다. 주나라의 문왕은 백성과 더불어 즐길 뿐만 아니라 신하를 잘 보살핀 것으로 유명합니다. 유가에서 성인으로 받드는 백이와 숙제가 문왕이 다스리는 곳을 찾은 것도 문왕이 노인을 공경하고 잘 보살폈기 때문입니다.

● 춘추 시대

맹자는 공자와 그의 제자들을 극찬했습니다. 공자는 어진 정치를 베푼 고대 왕들의 정신을 계승하여 유학을 창시했고, 벼슬을 할 때는 바른길을 밟았으며, 세상을 두루 살피는 용기 있는 사람이었습니다. 게다가 잘못된 정치를 바로잡고자 《춘추》를 저술하고, 오랜 세월 스승으로서 많은 제자를 길러 냈습니다. 맹자는 그의 계승자가 된 것을 매우 자랑스러워했습니다.

공자의 제자인 안연은 가난하지만 학문의 즐거움을 잃지 않았으며, 인간이라면 누구나 성인(聖人)이 될 수 있다고 말했습니다. 용감한 제자였던 자로는 선한 말을 들으면 실천하려고 노력했습니다. 증자는 공자의 손자인 자사를 가르쳤을 뿐만 아니라 아버지가 돌아가신 후에도 아버지가 좋아하시던 고욤나무 열매는 먹지 않을 정도로 지극한 효자였습니다.

증자(曾子, 기원전 506년~기원전 436년)
중국 노나라의 유학자입니다. 공자의 덕행과 사상을 본받아 공자의 손자인 자사에게 전했습니다. 본래 이름은 증삼인데 후세에 높여 증자라고 일컬었으며, 저서에 《대학》, 《효경》 등이 있다고 전해집니다.

5. 《맹자》 훑어보기

시대별로 보는 《맹자》의 운명

공자는 68세에 고향으로 돌아와 교육에 전념하면서 유가의 학문을 정리했지만, 정작 자기 삶의 기록은 남기지 않았습니다. 고향으로 돌아온 지 오 년 만인 73세에 세상을 떠났기 때문에 기록할 시간이 없었다고 볼 수도 있지요. 공자의 어록 모음인 《논어》는 사후에 제자들에 의해서 만들어진 것입니다. 하지만 맹자는 62세에 고향으로 돌아와 84세까지 살았으니, 이십 년이 넘는 세월을 제자들과 함께 지낼 수 있었어요. 그래서 맹자는 《시경》과 《서경》 등 유가의 문헌을 정리하는 동시에 자신의 삶을 되돌아보고, 제자들과 깊은 대화를 나누며 이야기를 정리할 시간이 있었지요. 《맹자》

진시황(秦始皇, 기원전 259년~기원전 210년)
기원전 221년 중국을 최초로 통일한 진나라의 왕 정은 자신의 호칭을 왕보다 높은 것으로 새롭게 만들고 싶었습니다. 그래서 만든 호칭이 '황제'입니다. 그리고 자신이 황제라는 호칭을 처음 쓰기 시작한 왕이라는 뜻에서 '시황(始皇)'이라 부르게 했습니다.

분서갱유(焚書坑儒)
중국 진시황이 학자들의 정치적 비판을 막기 위하여 백성에게 꼭 필요한 의약(醫藥), 길흉을 점치는 복서(卜筮), 농업에 관한 책을 제외하고 모든 서적을 불태우며 수많은 유생을 구덩이에 묻어 죽인 사건입니다.

가 맹자 생전에 쓰인 문헌이 분명하다는 것이 학계의 정설입니다.

《맹자》는 당시에는 널리 읽히지 않았어요. 특히 맹자 뒤에 등장한 유학자 순자는 맹자를 비판했고, 춘추 전국 시대가 끝나고 진나라가 중국을 통일했을 때 진시황 곁에는 순자의 제자인 이사가 재상을 맡고 있었지요. 그는 유가의 책을 태우고, 유학자들을 파묻어야 한다고 주장했어요. 이른바 분서갱유* 사건입니다. 그때 실용적인 책만 남기고 모두 불태웠는데, 유학자들이 숭상했던 《시경》, 《서경》과 더불어 《논어》, 《맹자》뿐만 아니라 《순자》 등의 책도 포함됐지요. 옛것을 숭상하고 현재를 비판하는 불온한 것이라 봤기 때문이에요.

하지만 진나라가 이십 년도 채 되지 않아 무너지고, 그 뒤를 이은 한나라에서 유학을 중시하는 새로운 시대가 열렸어요. 문제(文帝) 때는 《맹자》가 부활하고 국가가 나서서 연구했지만, 무제 때는 그 중요성이 조금은 떨어졌어요. 무제 때 사마천이 쓴 《사기》에서도 맹자를 순자보다 덜 중요한 인물로 다루고 있지요. 맹자에 대한 관심이 점차 수그러들 때, 후한 시대의 학자 조기가 다시 맹자를 중요한 인물로 부각시켰어요. 그는 《맹자》 7편을 각각 상하로 나누어 14편으로 만들고, 260장으로 세분화하여 오늘날 전해지는 형태로 만들었어요. 그리고 자세한 설명을 달아 《맹자》를 새롭게 일으켰지요.

당나라 때에는 유학자 한유가 맹자를 공자의 도를 계승한 마지막 학자라고 숭상했지만, 송나라 때에는 맹자에 대한 평가가 다양했어요. 북송 시대 유학자 사마광은 "맹자는 예(禮)를 모르는 잔인한 사람."이라고 비난한 반면 구양수는 "공자의 사당에서 맹자의 제사도 같이 지내야 한다."고 칭송했지요. 주자의 스승 격인 정호, 정이 형제는 맹자를 공자 이래 으뜸으로 여겼어요. 송나라의 뛰어난 학자인 주자는 《맹자》를 《논어》와 같은 경지로 취급하면서 《대학》, 《중용》과 함께 유학의 가장 핵심적인 책이라고 평가했어요. 우리가 알고 있는 사서는 바로 주자가 세운 경전 체계에 따른 것입니다.

하지만 명나라 때에는 《맹자》가 위기에 처했어요. 명나라를 세운 홍무제 주원장*은 《맹자》를 읽다가 "군주가 신하를 손과 발처럼 여기면 신하도 군주를 배와 심장처럼 여기지만, 군주가 신하를 흙이나 지푸라기처럼 여기면 신하는 군주를 원수처럼 여긴다."는 구절에 분노하면서 《맹자》를 불태우고, 맹자를 모시는 사당을 없애라고 했지요. 다행히도 신하들의 저항이 심해서 사당은 남았지만, 주원장은 《맹자》를 새롭게 편찬하라고 명령했어요. 그래서 《맹자》 260장 중에서 88장이 삭제된 《맹자절문》이 나왔어요. 주원장이 사망하고 그의 아들인 영락제가 《맹자절문》을 폐기해서 《맹자》 탄압은 끝났지만, 맹자의 사상은 절대 왕권을 누리려고 한

한무제(漢武帝, 기원전 156년~기원전 87년)
한나라의 7대 황제로 이전 황제들과는 달리 왕권을 강화하고, 유학자 동중서(董仲舒)의 의견을 받아들여 유학을 국가의 이념으로 삼았습니다. 국력 증강에도 힘을 쏟아 넓은 영토를 확보하며 전한 시대의 전성기를 열었습니다.

주원장(朱元璋)
가난한 집안에서 태어나 일찍 부모를 여의고, 가난에서 벗어나기 위해 중이 되었다가 홍건적의 난이 일어나자 그들과 합류했습니다. 이후 독자적인 군대를 조직하여 몽골족이 지배하던 원나라의 남경을 점령했으며, 1366년에는 스스로 오왕이라 칭하고, 1368년에는 명(明)을 건국하여 스스로 황제의 자리에 올랐습니다.

아는 것이 힘!

네 권의 유교 경전 '사서(四書)'

'사서'는 유학자들이 높이 떠받드는 경전 《논어》, 《맹자》, 《대학》, 《중용》을 통틀어 이르는 말입니다. 송나라의 뛰어난 유학자 주희가 유학의 가장 핵심적인 책으로 평가하면서 사서로 자리 잡게 되었지요.

《논어》는 춘추 시대 공자의 행적을 기록하고 어록을 모아 놓은 책입니다. 배움을 좋아하고, 사랑과 정의의 정치를 실천했던 공자의 모습을 생생하게 느낄 수 있지요. 아울러 제자들의 특성에 맞게 교육하던 공자의 교육관과 혼란의 시대를 살아가는 대사상가의 모습도 읽을 수 있습니다. 이익을 따지는 소인이 되지 말고, 정의를 실천하는 군자가 되라는 가르침과 자신을 끊임없이 성찰하는 공자의 면모가 잘 드러나 있지요.

공자의 제자인 증자가 썼다고 알려진 《대학》은 어린 나이에 알아야 할 바른 행동과 배움을 기록한 《소학》과 달리, 성인이 되었을 때 어떠한 학문적 정신과 태도가 필요한지 가르쳐 주는 책입니다. ① 자신의 덕을 밝히고, ② 백성과 친하게 지내며, ③ 최고의 선을 추구하라는 삼강령과 이를 구체적으로 실천할 수 있는 여덟 개 항목이 실려 있습니다. ① 사물을 잘 살피고, ② 참된 앎에 도달하고, ③ 뜻을 정성스럽게 세우고, ④ 바른 마음을 가지며, ⑤ 자신을 수양하고, ⑥ 집안을 화목하게 하고, ⑦ 나라를 잘 다스리고, ⑧ 세상을 평화롭게 하라고 말합니다.

주희(朱熹, 1130년~1200년)
남송의 유학자로 유학을 새롭게 집대성하여 성리학(주자학)을 창시했습니다. 주희를 높여 주자라고 부릅니다. 새로운 유학 운동의 일환으로 사서를 편찬하고 주석을 달아 《사서집주》를 완성했습니다.

공자의 손자인 자사가 썼다고 알려진 《중용》은 하늘이 내린 인간의 착한 본성에 따라 살고, 항상 배우라는 삶의 정신과 원리를 설명한 책입니다. 인간의 욕심을 잘 조절하고 바른길을 가기 위해서는 어느 한쪽에 치우치지 않는 중용이 중요하며, 이를 성실하게 따름으로써 부모를 공경하고, 형제간의 우애를 다지고, 화목한 가정을 꾸리고, 이웃을 사랑하는 삶을 살라고 권합니다.

이 세 권에 《맹자》가 더해지면 사서가 되는 것입니다. 사서는 유교의 나라인 조선에서 선비와 통치자라면 반드시 읽어야 하는 책이자, 과거 시험에 출제되는 교과서와 같은 것이었습니다.

군주들에게는 늘 분노의 대상이었습니다.

이후 만주족이 다스린 청나라를 거치면서도 《맹자》는 살아남았습니다. 청나라의 4대 황제인 강희제는 맹자의 업적을 기리는 글을 썼고, 비석으로 남겼지요. 묘비에는 "유학의 진리가 오늘에 전해지니 맹자에게 힘입은 바가 있다."며 맹자를 극찬했습니다. 이후 청나라가 망하고 중국이 사회주의 국가가 되자, 유교에 대한 비판과 더불어 《맹자》는 잠시 탄압을 받았어요. 하지만 오늘날에도 《맹자》는 많은 사람들에게 읽히고 칭송을 받아 결국 살아남지요.

정몽주(鄭夢周, 1337년~1392년)
고려 말 유학자입니다. 오부 학당과 향교를 세워 후대를 가르치고, 유학을 진흥하여 성리학의 기초를 닦았습니다.

우리나라에 들어온 《맹자》

우리나라에 《맹자》가 전해진 것은 고려 말, 원나라에게 지배를 받은 시기입니다. 고려 말 신하인 정몽주가 동료인 정도전에게 《맹자》를 전해 줬다는 기록이 있습니다. 정도전은 이 책을 소중히 여겨 매일 조금씩 읽으면서 새로운 세상에 대한 꿈을 키우지요. 이후 역성혁명*이 성공하여 조선이 건국되고, 그 공로를 인정받은 정도전은 조선의 법전 《경국대전》을 편찬하고, 궁궐을 짓고, 나라의 기초를 세우는 등 여러 중요 임무를 맡습니다. 정도전은 그러한 임무를 수행하면서 맹자의 정신을 조선에 반영하기 위해 노력

역성혁명(易姓革命)
성씨가 바뀌는 혁명을 일컫습니다. 성씨가 바뀐다는 것은 나라를 새롭게 세우거나 왕조가 바뀐다는 뜻입니다. 여기서는 고려 왕조의 성씨가 왕씨였는데 고려를 멸망시키고 조선을 건국한 태조의 성씨가 이씨인 것을 말합니다.

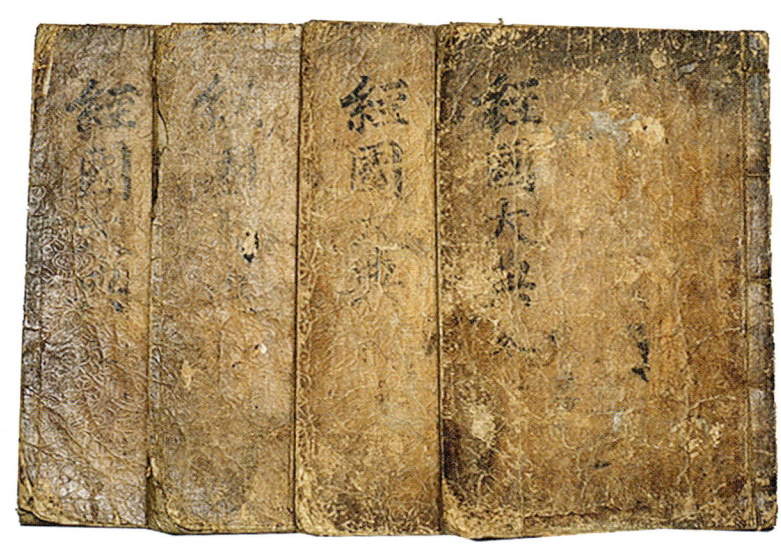

《경국대전》 국립중앙박물관 소장
조선 시대 통치의 기준이 된 최고의 법전으로 세조의 명에 의해 편찬을 시작하여 성종 6년(1485년)에 펴냈습니다. '나라를 다스리는 큰 법전'이라는 뜻으로 정치, 경제, 사회, 문화의 기본 규범을 담은 종합 법전입니다. 왕은 백성을 사랑으로 다스리고, 신하는 왕에게 충성하며, 백성은 부모를 공경하라는 유교 정신을 그대로 담고 있습니다.

성리학
중국 송나라의 유학자 주자(주희)가 유학을 새롭게 집대성하여 만든 사상입니다. 우리나라에는 고려 말에 들어와 조선의 통치 이념이 됐고, 정도전·권근·김종직에 이어 이이·이황에 이르러 조선의 성리학으로 체계화했습니다. 조선은 주자가 정리한 새로운 유학 체계인 성리학을 하늘과 같이 신봉했습니다.

하는데, 그중 하나로 왕이 권력을 앞세워 마음대로 하는 것을 막기 위해 재상 중심의 정치 체제를 세우고 왕권을 견제하는 신하의 권리를 주장합니다. 이로 인해 태조 이성계의 아들인 이방원에게 미움을 사 정도전은 결국 죽지만, 그가 확립한 재상 중심의 제도는 조선 왕권과 더불어 조선조 오백 년 역사를 이어 가게 됩니다.

조선은 유교에 뿌리를 둔 성리학*을 숭상했던 나라입니다. 따라서 《맹자》는 과거 제도의 필수 과목이 되어 선비들이 반드시 읽어야 할 책이 되지요. 성리학을 공부한 선비들은 왕이 잘못된 길을 갈 때마다 바른 정치를 해야 한다고 충언합니다. 이러한 선비

《맹자언해》_국립중앙박물관 소장
조선 시대에 《맹자》를 한글로 풀이한 책입니다. '칠서언해(七書諺解)' 중 하나로 선조 9년(1576년), 왕명에 따라 이이가 편찬했습니다.

정신의 원천이 바로 《맹자》입니다. 백성을 귀하게 여기는 마음, 사랑과 정의로 펼치는 정치, 왕도 정치를 행하기 위해 왕과 신하가 함께 하는 공부 등은 모두 맹자에게서 나온 것입니다. 조선은 한마디로 맹자의 나라였습니다.

세조 때 성삼문 등 사육신*이 세조의 올바르지 못한 정치를 비판하고 기꺼이 죽음을 향해 걸어갔던 것은 맹자의 '대장부 정신'이었고, 나라가 부패할 때마다 목숨을 걸고 왕에게 저항했던 충신들도 맹자를 이은 후손이며, 의병을 일으켜 나라를 살리고자 했던 곽재우 역시 맹자의 정신을 계승한 것입니다. 임진왜란과 병자호란을 겪은 후 나라를 바로 세우고, 백성의 삶을 풍요롭게 하고

사육신(死六臣)
조선 시대 세조 2년(1456년)에 단종의 왕 자리를 되찾아주려다 처형된 여섯 명의 충신 이개, 하위지, 유성원, 성삼문, 유응부, 박팽년을 이릅니다.

자 했던 실학의 정신 또한 맹자의 정신인 '여민동락(與民同樂)'이었습니다. 조선 말 동학의 지도자 최제우는 맹자에게서 "백성의 뜻이 곧 하늘의 뜻"이라는 '인내천(人乃天)' 사상을 본떠 내세웠습니다. 자신을 희생하여 사랑을 이룬다는 '살신성인(殺身成仁)'의 정신은 일제강점기의 독립군에게 이어졌습니다.

대한민국의 역사를 보면 독재에 맞서 싸우고 민주 정치를 열망하는 국민 마음속에 맹자는 살아 있습니다. 4·19 혁명, 5·18 민주화 운동, 1980년대 민주화 운동에 이어, 최근에 일어난 촛불 집회에 이르기까지 맹자의 정신은 우리 국민의 마음속에 흐르고 있습니다.

최제우(崔濟愚, 1824년~1864년):
ⓒ ElleDeeEsse
조선 말기 동학과 천도교의 창시자인 수운 최제우의 동상입니다. 경상북도 경주시 용담정에 위치해 있습니다.

《맹자》의 구성

《맹자》는 맹자의 전성기인 40대부터 말년에 이르기까지 맹자의 행적과 말, 왕과 신하와 사상가와 나눈 이야기, 제자와 나눈 이야기가 담겨 있습니다. 1편부터 3편까지는 맹자가 돌아다니며 만났던 왕과 신하의 기록을 주로 다루고, 이후로는 제자와 사상가와 나눴던 이야기와 어록이 주로 기록돼 있습니다.

현재 전해지는 《맹자》는 7편이 상하로 나뉘어 총 14편, 260장으로 이루어져 있지요. 크게 7편이 각각 어떤 내용인지 간단히 살펴볼게요.

7편	양혜왕		공손추		등문공		이루		만장		고자		진심	
14편	상	하	상	하	상	하	상	하	상	하	상	하	상	하
260장	7	16	9	14	5	10	28	33	9	9	20	16	46	38

● 1편 : 양혜왕

맹자가 노나라에서 공부를 마치고 41세부터 제후국을 돌아다니며 제후들과 만난 이야기를 담고 있습니다. 양혜왕, 제선왕, 추목공, 등문공, 노평공 등을 만나 왕도 정치를 주장한 것을 볼 수 있어요. 맹자가 가진 정치사상의 핵심이 가장 많이 실려 있지요.

《맹자》_국립중앙박물관 소장
맹자가 지은 유교 경전입니다. 이 책에서 맹자는 사람의 본성은 선하다는 성선설에 기초하여 사랑과 정의를 강조하고, 왕도 정치를 주장했습니다. 오른쪽 사진은 조선 시대 순조 20년(1820년) 규장각에서 펴낸 것입니다.

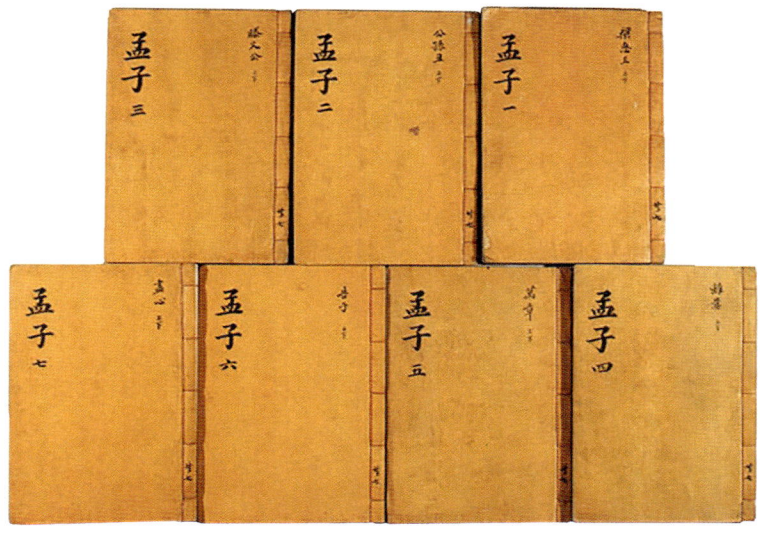

● **2편 : 공손추**

제나라 출신의 제자 공손추와 맹자가 나눈 이야기를 중심으로 구성돼 있어요. 맹자의 '호연지기(浩然之氣)'와 마음 수양법이 잘 드러나 있습니다. 한편 맹자가 제나라에서 했던 말이나 대신들과의 대화도 담겨 있지요.

● **3편 : 등문공**

상편에는 맹자가 등나라에 있을 때 문공, 그리고 그의 대신들과 나눈 이야기가 나오고, 하편은 맹자의 행실에 대한 제자들의 질문에 맹자가 답하는 내용을 담았습니다. 또 묵가와 종횡가 사상에 대한 반론도 볼 수 있지요.

● 4편 : 이루

이 편에는 맹자의 어록을 모아 놓았습니다. 요순 시대로부터 이어지는 선왕들의 이야기, 어진 정치에 대한 이야기 등 다양한 내용이 담겼습니다. 공자와 그의 제자들의 이야기도 등장합니다.

● 5편 : 만장

맹자의 수제자인 만장과의 대화가 중심을 이룹니다. 만장이 유가에서 숭상하는 사람들에 대해 의심을 품으면, 맹자가 그 의심을 풀어 주는 내용이 많습니다. 만장의 집요한 질문과 맹자의 당당한 답변을 감상할 수 있지요.

● 6편 : 고자

맹자가 제나라에 있을 때 벌어진 논쟁이 많이 담겼습니다. 맹자는 고자와 인성론에 대해 깊이 있게 논쟁했지요. 제나라의 대학자 고자뿐만 아니라 평화 사상가 송경, 직하학궁의 책임자였던 순우곤과의 논쟁도 볼만합니다.

● 7편 : 진심

제후국을 돌아다니다 고향으로 온 맹자 말년의 성숙한 생각을 담고 있는 마지막 편이에요. 고대 성현으로부터 이어진 유가의 사상을 공자에 이어 자신이 계승했다는 자부심이 물씬 느껴집니다.

2부에서는 《맹자》를 처음 접하는 학생들도 체계적으로 《맹자》를 이해할 수 있도록 이야기를 '대화 상대 중심'으로 나누어 살펴봅니다. 왕과 나눈 대화, 신하와 나눈 대화, 제자와 나눈 대화, 다른 사상가와 나눈 대화로 분류하고, 마지막은 이 책을 보는 친구들에게 도움이 될 만한 맹자의 어록을 담았습니다.

자, 그럼 이제 《맹자》를 본격적으로 읽어 볼까요?

일러두기
* 원전 해석 외에 맹자가 만난 사람에 대한 기본적인 정보와 배경, 《맹자》의 각 장에서 핵심이 되는 문장은 한자를 밝혀 적은 뒤 저자의 해설을 달아 이해를 도왔습니다.
* 맹자는 유교의 덕목 중 인(仁)과 의(義)를 매우 중요하게 생각했습니다. 저자는 《맹자》의 인(仁)은 '사랑'으로 의(義)는 '정의'로 해석했습니다.

제 2 부

인간의 본성을
사랑과 정의로 이끄는 참된 고전
《맹자》

1장 왕과 나눈 대화

사랑과 정의의 왕도 정치를 실천하십시오

양나라 혜왕

《맹자》에 제일 처음 등장하는 왕은 양나라의 혜왕(惠王, 재위 기간 기원전 370년~기원전 334년)입니다. 양나라는 본래 위나라였는데, 진나라와의 전쟁에서 패하고 나라가 기울자 수도를 안서(安西)에서 대량(大梁)으로 옮겼습니다. 대량의 '양'을 따서 양나라가 됐고, 그때부터 양혜왕이라 불렸지요. 혜왕은 양나라를 강대국으로 만들기 위해 맹자를 포함하여 많은 인재를 초청했습니다. 하지만 얼마 지나지 않아 혜왕이 죽어, 맹자는 자기 뜻을 양나라에서 펼칠 수 없었습니다.

하필이면 이익을 말씀하십니까

혜왕 선생께서는 천 리 길도 멀다 하지 않고 일부러 오셨는데 이 나라에 무슨 이익을 주시겠소?

맹자 왕께서는 왜 하필이면 이익을 말씀하십니까? 제가 말씀드리고 싶은 것은 오직 사랑과 정의뿐입니다. 왕께서 나라의 이익만을 생각하신다면, 대부*들은 집안의 이익을 생각할 것이며, 선비나 백성도 자신의 이익만을 생각할 것입니다. 이처럼 모두가 이익에만 얽매여 싸우게 되면 나라가 위태로워집니다.

만 대의 수레를 가진 임금을 죽이는 자는 그보다 못한 천 대의 수레를 가진 자일 것이며, 천 대의 수레를 가진 임금을 죽이는 자는 반드시 백 대의 수레를 가진 자일 것입니다. 이미 천 대나 백 대의 수레도 적지 않은데 더 빼앗으려 하는 것은 정의를 뒤로 미루고 이익만을 앞세우기 때문입니다.

사랑을 아는 사람은 어버이를 버려두는 일이 없고, 정의를 아는 사람은 임금을 저버리는 일이 없습니다. 왕께서는 사랑과 정의를 말씀하셔야지 왜 하필이면 이익을 말씀하십니까? _〈양혜왕 상〉 1

何 必 曰 利
어찌 하 반드시 필 말할 왈 이로울 리

하필이면 이익을 말씀하십니까

맹자는 세상을 살아가는 데 이익을 추구하는 것보다 중요한 것이 사랑과 정의라고 생각했습니다. 모든 사람이 이익만 추구하면 모두가 잘살 것 같지만, 이렇게 되면 아무리 중요한 일도 이익이 되지 않는 일은 어느 누구도 하지 않아 각박한 세상이 되고 말지요.

대부 : 중국에서 벼슬아치를 세 등급으로 나눈 품계 중 하나.

오십 걸음 백 걸음입니다

혜왕 사람들은 나를 부덕하다고 하지만, 나는 나랏일에 여러 가지로 마음을 쏟고 있소. 하내* 지방에 흉년이 들면 백성을 하동으로 옮기고, 하동 지방의 곡식을 하내로 보내오. 하동이 흉작일 때도 마찬가지였소. 이웃 나라가 정치하는 것을 보면 나만큼 애쓰는 이도 없는 것 같은데, 왜 이웃 나라 백성은 줄지도 않고 이 나라 백성은 더 늘지 않는 것이오?

맹자 왕은 전쟁을 좋아하시니 전쟁을 예로 들겠습니다. 둥둥 북이 울리고 전쟁이 시작되자 갑옷을 내던지고 창칼을 질질 끌면서 도망치는 병사가 있었습니다. 그런데 어떤 자는 오십 걸음 도망가고, 어떤 자는 백 걸음 도망갔습니다. 그러다가 오십 걸음 도망간 자가 백 걸음 도망간 자를 비웃었다면, 이를 어찌 생각하십니까?

혜왕 말이 되지 않소. 오십 걸음이나 백 걸음이나 도망간 것 아니오?

맹자 전쟁을 그렇게 잘 아시는 분이 백성은 이웃 나라보다 많기를 바라십니까? 전쟁을 치르지 않는다면, 백성은 농사철을 놓치지 않을 것입니다. 그러면 백성의 곳간은 곡식을 다 먹지 못할 만큼 풍족해지며, 웅덩이에 빽빽하게 그물을 던지지 않더라도 물고기를 먹고 남을 만큼 잡을 수 있습니다. 숲에 나무도 풍족해 도끼질을 적당히 하면 재목도 쓰고 남을 것입니다. 이 모든 것이 풍족하다면 사람은 살아가는 데 아무 걱정이 없을 것입니다. 자연스럽게 장례를 지내는 것도 넉넉하겠지요. 산 사람은 길러 주고, 죽은 사람을 장례 지내는 데 걱정없게 하는 것이 왕이 가야 할 참된 길, 즉 왕도 정치의 출발입니다. _〈양혜왕 상〉 3

하내(河內) : 황하 북쪽 지역을 가리킨다. 하동(河東)은 황하 동쪽. 하외(河外)는 황하 남쪽 지역이다.

五 十 步 百 步
다섯 오 열 십 걸음 보 백 백 걸음 보

오십 걸음이나 백 걸음이나 도망치는 것은 마찬가지입니다

50만 원을 훔친 사람이 100만 원을 훔친 사람 보고 도둑놈이라고 비난한다면 어떨까요? 모두 같은 처지인데 말이에요. 우리 속담 중에 "겨 묻은 개가 똥 묻은 개를 나무란다."는 것과도 일맥상통합니다. 우리는 남의 잘못은 잘 보면서도 자신의 잘못은 잘 보지 못해요. 그러면서 남만 비난하지요.

칼로 죽이는 것과 정치로 죽이는 것은 다르지 않습니다

혜왕 선생의 가르침을 청하오.

맹자 사람을 창으로 죽이는 것과 칼로 죽이는 것이 다를까요?

혜왕 다를 리가 없지요.

맹자 그렇다면 칼로 죽이는 것과 정치를 잘못하여 죽이는 것은 어떻습니까?

혜왕 그 또한 다를 리가 없겠지요.

맹자 왕의 부엌에는 기름진 고기가 그득하고 마구간에는 살진 망아지가 있습니다. 하지만 백성은 굶주려 들녘에 시체가 넘쳐납니다. 이는 짐승을 몰아 사람을 잡아먹게 하는 것과 마찬가지입니다. 사람들은 짐승이 서로 잡아먹는 것도 싫어합니다. 그런데 왕께서 짐승을 몰아 사람을 잡아먹게 하는 정치를 한다면, 그리고도 백성의 부모인 왕이라 할 수 있겠습니까? _〈양혜왕 상〉 4

어진 사람은 적이 없습니다

혜왕 우리 양나라가 예전에는 아주 강하고 큰 나라였다는 것을 그대도 아실 것이오. 그런데 제나라와 전쟁하여 패하면서 큰아들이 죽고, 진나라에 칠백 리나 되는 토지를 빼앗기고, 초나라와의 전쟁에서도 치욕스러운 패배를 겪었으니 낯을 들 수가 없습니다. 내 이 부끄러움을 씻고 싶은데 어떻게 하면 좋겠소?

맹자 나라의 크기는 중요하지 않습니다. 사방 백 리를 가지고도 왕이 될 수 있습니다. 어진 정치를 베푸십시오. 어진 정치란 형벌을 줄이고, 세금을 적게 걷는 것입니다. 백성이 밭을 깊게 갈고 김을 부지런히 매면 살림이 풍성해지겠지요. 농사를 쉴 때는 부모에게 효도하고, 형제간에 우애하고, 나라에 충성하고, 친구와 믿음을 나누는 것에 대해 익힐 것입니다. 그리하여 집 안에서는 부모님을 잘 섬기고 형제간의 우애를 지키고, 마을에서는 웃어른을 모실 줄 알게 되면, 아무리 보잘것없는 무기로도 진나라와 초나라의 단단한 갑옷과 날카로운 병기에 맞설 수 있을 것입니다.

　반대로 진나라와 초나라 백성은 전쟁 때문에 밭을 갈고 김맬 틈이 없어 자신의 부모도 모시지 못하니, 부모는 굶주리고 형제와 처와 자식은 뿔뿔이 흩어지게 됩니다. 상대 나라의 백성이 궁지에 빠져 헤어나지 못하게 되거든 그때 왕께서 쫓아가 정벌하십시오. 그러면 어느 누가 왕께 덤비겠습니까? 그러므로 '어진 사람은 적이 없다.'는 말이 있는 것입니다. 왕께서는 제 말을 조금도 의심하지 마십시오. _〈양혜왕 상〉 5

仁 者 無 敵
어질 **인** 사람 **자** 없을 **무** 원수 **적**

어진 사람은 적이 없다

사람이 인정받으려면 평소에 다른 사람에게 잘해야지요. 평소에 사랑이 넘치는 사람은 많은 사람에게 혜택을 줍니다. 그래서 그가 하는 일을 많은 사람이 응원해요. 만약 그런 사람이 어려운 사람을 도우려 한다면 누구나 나서서 지지하고 돕지 않을까요?

양나라 양왕

기원전 318년에 왕위에 오른 양왕(襄王, 재위 기간 기원전 318년~기원전 296년)은 혜왕의 뒤를 이어 양나라의 통치자가 됩니다. 하지만 맹자는 양왕을 "그냥 보아도 군왕 같지 않고, 가까이 대해 보아도 보잘것없다."고 혹평하고 양나라를 떠납니다. 양왕은 그의 뜻을 따르지 않을 거라 판단했기 때문이지요. 양왕의 이야기는 《맹자》에 단 하나만이 전해집니다.

사람 죽이는 것을 좋아하지 않는 사람이 온 세상을 통일할 것입니다

양왕 온 세상의 큰 흐름이 어떻게 될 것 같습니까?

맹자 통일이 되어야 안정될 것입니다.

양왕 누가 통일할 수 있을까요?

맹자 사람 죽이기를 좋아하지 않는 사람이 통일할 수 있을 것입니다.

양왕 누가 그런 사람의 편이 될까요?

맹자 그런 사람의 편이 되지 않을 사람은 이 세상에 없습니다. 왕은 저 돋아나는 어린 새싹을 아십니까? 칠팔월 무더운 여름에 가뭄이 들어 어린 싹이 시들고 있을 때, 하늘이 먹구름을 만들어 소낙비가 내리면 그들은 힘차게 살아날 것입니다. 어느 누가 이것을 막을 수 있겠습니까? 그런데 요즘 백성을 다스리는 왕 치고 사람 죽이기를 좋아하지 않는 자가 없습니다. 사람 죽이기를 좋아하지 않는 왕이 있다면 온 세상의 백성은 목을 높이 들어 그를 우러러볼 것입니다. 그렇게만 할 수 있다면 백성은 물이 아래로 흐르듯 저절로 그를 따를 것입니다. 그 거대한 흐름을 누가 막을 수 있겠습니까? _〈양혜왕 상〉 6

不 嗜 殺 人 者 能 一 之
아니 **불** 좋아할 **기** 죽일 **살** 사람 **인** 사람 **자** 능할 **능** 하나 **일** 그것 **지**

사람 죽이는 것을 좋아하지 않는 사람이 온 세상을 통일할 것입니다

힘으로 세상을 다스리는 정치를 패도 정치라고 합니다. 전국 시대 왕의 대부분은 패도 정치를 행했습니다. 이들은 부국강병을 꿈꾸며 윤리보다 힘을 숭상했지요. 맹자는 패도 정치를 반대하고 사랑과 정의의 왕도 정치를 주장했어요. 올바른 왕이라면 백성의 목숨을 자식처럼 소중히 여겨야 한다고요. 그러면 물이 아래로 흐르듯 백성도 그를 저절로 따를 것이라고 합니다.

제나라 선왕

제나라 선왕(宣王, 재위 기간 기원전 319년~기원전 301년)은 학자들이 정치에 종사하지 않고도 자유롭게 토론할 수 있도록 국립 대학인 직하학궁을 융성하게 한 왕입니다. 그래서 제나라에는 많은 인재가 모여들었습니다. 맹자 역시 제나라의 초대를 받지요. 맹자는 선왕을 만나 자신의 왕도 정치를 마음껏 펼쳐 보이고 싶었지만, 부국강병을 우선시하는 제나라를 바꾸지 못했습니다.

제사용 소를 차마 죽일 수 없는 마음으로 백성을 사랑하십시오

선왕 나라를 부강하게 했다는 제나라 환공이나 진나라 문공의 이야기를 들려주실 수 있을까요?

맹자 공자를 따르는 제자 중에 환공과 문공의 이야기를 말한 사람은 없었습니다. 그래서 저는 듣지 못했습니다. 하지만 왕도 정치에 대해서는 말씀드릴 수 있습니다.

선왕 그렇다면 어찌해야 왕 노릇을 할 수 있습니까?

맹자 백성을 사랑하고 북돋아 주는 왕을 누가 방해하오리까.

선왕 나 같은 사람이 백성을 사랑할 수 있을까요?

맹자 물론입니다.

선왕 무엇을 보고 그리 생각하셨습니까?

맹자 신하 호흘에게 들은 바가 있습니다. 왕께서 대청 위에 앉아 계실 때 제물이 될 소가 끌려가는 것을 보시고는 "그 소는 어디로 가는 것이냐?" 하고 물으셨지요. 소몰이꾼이 "흔종*에 바치려는 것입니다."라고 대답하자, 왕께서는 "그만두어라. 부들부들 떨면서 죄 없이 끌려가는 모습을 내 차마 볼 수 없구

흔종(釁鐘) : 종을 새로 만들었을 때 짐승의 피를 뽑아 그 종의 틈에 칠하고 제사를 지내는 풍습.

나."라고 하셨지요. 다시 소몰이꾼이 "그러면 제사를 드리지 말까요?"라고 여쭈니, 왕께서 "제사야 어찌 그만두겠느냐. 양으로 바꿔라."라고 하셨다지요. 그런 일이 있었습니까?

선왕 그런 일이 있었지요.

맹자 그런 마음씨면 넉넉한 왕이 되실 수 있습니다. 백성은 왕이 재물을 너무 아낀다고 오해한다 할지라도, 어찌 왕께서 재물이 아까워 그러셨겠습니까? 불쌍한 소의 모습을 차마 볼 수 없어 그런 것 아닙니까?

선왕 그렇소. 바로 말했소. 나더러 인색하다고 하는 사람들이 있지만, 제나라가 작다고 하나 어찌 소 한 마리를 아끼려 했겠소. 다만 부들부들 떨면서 끌려가는 소의 모습을 차마 볼 수 없어서 양과 바꾸라고 한 것이지요.

맹자 사정을 알지 못하는 백성이 왕께서 인색하다고 해도 이상하게 생각하지 마십시오. 겉으로야 작은 것으로 큰 것을 바꾸셨으니 그들이 왕의 참뜻을 어찌 알겠습니까? 그런데 왕께서는 왜 하필 소 대신 양을 선택하셨습니까?

선왕 (웃으면서) 그거참! 나도 내 마음을 모르겠소. 나는 재물이 아까워서 양과 바꾸라고 한 것은 아니지만, 백성이 나더러 인색하다 하는 것도 무리는 아니겠구려.

맹자 그런 것쯤으로 마음 상하실 필요는 없습니다. 왕의 마음씨가 바로 사랑입니다. 죽으러 가는 소는 눈으로 보셨고 양은 미처 못 보셨지요. 사랑하는 마음씨를 가진 사람은 짐승을 대할 때, 살아 있는 것을 보고 죽는 모습은 차마 보지 못한다고 합니다. 그래서 죽을 때 울부짖는 소리를 듣고는 그 고기를 차마 먹지 못하지요. 그래서 군자는 도살장과 부엌을 멀리합니다.

선왕 (빙그레 웃으면서) 옛 시에 "남의 마음을 헤아릴 때 내 마음에 비추어 미루어 보네."라는 구절이 있는데, 선생을 두고 한 말인가 봅니다. 내가 한 행동을 내 마음으로는 알 수 없었는데, 선생이 그리 말씀하시니 내 마음이 흡족해 집니다. _〈양혜왕 상〉 7

不忍見其死
아니 불 참을 인 볼 견 그 기 죽을 사

차마 죽어 가는 것을 볼 수 없다

"사랑하는 마음씨를 가진 사람은 짐승을 대할 때, 산 모습을 보고서는 그 죽어 가는 모습을 차마 보지 못하고, 죽으며 울부짖는 소리를 들으면 차마 그 고기를 먹지 못한다."고 맹자는 말합니다. 죽어 가는 짐승을 보지 못하고 먹지 못하는 마음을 백성에게 적용하면, 백성이 힘겹고 불쌍하게 사는 모습을 차마 견딜 수 없겠지요. 맹자는 그러한 마음을 '차마 견딜 수 없는 마음' 즉, 불인인지심(不忍人之心)이라 표현했습니다. 그 마음은 남을 불쌍하게 생각하는 마음인 측은지심(惻隱之心)이며, 그 마음을 잘 키우면 사랑이 됩니다.

안 하는 것과 못하는 것은 다릅니다

맹자 "나는 아무리 무거운 짐이라도 거뜬히 들 수 있지만, 깃털 한 개는 들지 못하오." 또는 "나는 아무리 가느다란 털도 볼 수 있지만, 수레의 장작더미는 보지 못하오."라고 왕께 말한다면, 왕은 이 말을 믿으시겠습니까?

선왕 말도 안 되는 소리!

맹자 이제 왕의 사랑이 짐승인 소에게까지 미쳤는데, 백성에게 이르지 않는다면 말이 되겠습니까? 그것은 마치 깃털 한 개를 들지 못하고, 장작더미를 보지 못한다고 말하는 것이지요. 백성이 왕의 사랑을 받지 못하는 것은 왕께서 왕 노릇을 못하는 것이 아니라 안 하는 것입니다.

선왕 안 하는 것과 못하는 것은 무엇이 다른가요?

맹자 태산을 옆에 끼고 북해를 뛰어넘으라 할 때 "나는 못한다."고 말하면 정말 못하는 것이지요. 하지만 웃어른을 위해 나뭇가지 한 개쯤 꺾으라 할 때 "나는 못한다."고 말하면, 그것은 안 하는 것이지 못하는 것이 아닙니다. 왕 노릇은 태산을 옆에 끼고 북해를 넘는 일이 아니라, 웃어른을 위해 나뭇가지를 꺾는 일과 같습니다.

내 집 노인을 생각하듯 남의 노인을 대하고, 나의 어린이를 생각하듯 남의 어린이를 대한다면 온 세상을 손바닥에 놓고 움직일 수 있습니다. 그러므로 왕의 사랑이 널리 퍼지면 온 세상도 넉넉히 안을 수 있지만, 사랑을 베풀지 않으면 집안사람조차 단속하지 못하게 됩니다. 옛날 위대한 임금들은 사랑을 베풀 때 남과 자기 사람을 구분하지 않았습니다. 그들이 뛰어난 이유는 바로 이런 점 때문입니다. 제집의 짐승조차 사랑하시면서 제 백성을 사랑하지 못하는 것은 어찌 된 일입니까? 물건은 달아 보아야만 가볍고 무거운 것을 알고, 재어 보아야만 길고 짧은 것을 알게 됩니다. 그런데 사람의 마음은 더욱 중요하니 왕께서는 잘 헤아려 보십시오. _〈양혜왕 상〉 7

天 下 可 運 於 掌
하늘 **천**　아래 **하**　가능할 **가**　움직일 **운**　어조사 **어**　손바닥 **장**

세상을 손바닥에서 움직이듯이 다스린다

세상은 참으로 넓고 크지요. 이 큰 세상을 다스리는 원리는 무엇일까요? 자신이 할 수 있는 일을 하지 못한다고 말하지 않고 하는 것입니다. 맹자는 왕에게 자신의 가족을 사랑하듯 남의 가족을 사랑하라고 말합니다. 만약에 그것이 가능하다면, 세상을 다스리는 것은 손바닥에 있는 물건을 움직이는 것처럼 쉬울 것이라고요. 맹자는 우리에게 불가능한 것을 말하지 않습니다. 노력하면 할 수 있는 것을 이야기합니다.

백성이 안정적으로 살아야 합니다

맹자　이제 왕께서 정책을 세우시되 사랑으로 베푸십시오. 그러면 온 세상의 벼슬아치가 스스로 왕의 조정으로 오고, 온 세상의 농부도 왕의 땅을 경작하고 싶어 하고, 장사꾼은 왕의 땅에서 짐을 풀고 싶어 하고, 지나가는 나그네도 왕의 길로 걷고 싶어 할 것입니다. 또한 다른 나라의 왕을 싫어하는 무리는 모두 왕께 찾아와 억울함을 호소할 것이니, 사랑의 정치를 베푸신다면 그 누가 이를 막을 수 있겠습니까?

선왕　내가 어리석어 거기까지 헤아리지 못했습니다. 부디 선생께서는 내 참뜻을 살피고 더 자세히 알려 주십시오. 내 비록 못났지만 한번 노력해 보겠습니다.

맹자 안정적인 수입이 없더라도 변함없는 마음을 간직할 수 있는 것은 오직 선비뿐입니다. 하지만 일반 백성은 그렇지 않습니다. 그들은 안정적인 수입이 없다면 안정된 마음을 가질 수 없습니다. 안정된 마음이 없다면 함부로 행동하고 간사하게 지내며, 사치를 일삼을 것입니다. 안정되지 않은 마음으로 이러한 잘못을 범했다면 그들을 벌주기 어렵습니다. 마치 잘못하기를 기다렸다가 그물질하는 셈이니, 이러한 일을 어찌 통치하는 자가 할 수 있겠습니까?

그러므로 현명한 임금은 백성이 항상 안정된 수입을 얻을 수 있도록 해야 합니다. 그러면 위로는 부모를 섬기고 아래로는 처자를 보살피며, 풍년이 들면 배부르고 흉년이 들어도 굶주리지 않을 것입니다. 그 후에 그들을 착한 길로 인도한다면 백성은 잘 따를 것입니다. 그런데 요즘 백성의 수입은 위로 부모를 섬기기에도 부족하고 아래로 처자를 길러 내기에도 옹색하며, 풍년이 들더라도 평생을 고생하고 흉년이면 죽음을 면치 못합니다. 죽음을 피하기도 빠듯한데 어찌 착한 길로 나아갈 겨를이 있겠습니까? 왕이 노력해 보시겠다면 그 근본을 살피셔야 합니다.

삶에 여유가 있어 집 주위에 뽕나무를 심으면 오십이 된 노인도 비단옷을 입습니다. 집짐승을 길러 철따라 잡는다면 칠십이 된 늙은이도 고기를 먹습니다. 백성이 징용으로 끌려가지 않아 철에 맞추어 농사일을 할 수 있다면, 여덟 식구쯤은 충분히 먹여 살릴 수 있을 것입니다. 그리고 교육할 수 있는 기관을 부지런히 정비하여 삶의 큰 뜻을 가르친다면, 백발의 늙은이가 힘들여 짐을 지고 길을 걷는 일은 없을 것입니다. 늙은이가 비단옷에 고기를 먹고 백성이 굶주리지 않고 추위에 떨지 않는다면, 어찌 왕 노릇을 못할 수 있겠습니까?

_〈양혜왕 상〉 7

若 民 則 無 恒 產 因 無 恒 心
만약 **약** 백성 **민** 곧 **즉** 없을 **무** 항상 **항** 생산 **산** 원인 **인** 없을 **무** 항상 **항** 마음 **심**

만약 백성에게 안정된 수입이 없다면, 안정된 마음을 가질 수 없다

맹자는 말합니다. 선비와 같은 지식인은 안정적인 수입이 없더라도 자신의 마음을 다스릴 수 있지만, 백성의 경우는 다르다고요. "곳간에서 인심 난다."라는 속담이 있지요? 안정적인 수입이 있어야 안정된 마음을 가진다는 말입니다. 나라를 다스릴 때 기본이 되는 것은 백성의 경제적 안정입니다. 경제적으로 안정된 나라가 좋은 나라입니다. 몇몇 부자만 잘사는 나라는 좋은 나라가 아닙니다.

백성과 함께 즐기십시오

맹자 왕께서 언젠가 신하인 장포에게 음악을 좋아한다고 하셨다는데 사실입니까?

선왕 (부끄러운 듯 얼굴빛을 붉히며) 나는 이전 왕께서 좋아하신 궁중 음악을 좋아하는 것이 아니라, 그저 거리에 떠도는 백성의 음악을 좋아했을 뿐입니다.

맹자 왕께서 그처럼 음악을 좋아하신다면 제나라 통치쯤이야 문제 될 것이 없습니다. 요즘 음악이나 옛 음악이나 같은 것입니다.

선왕 무슨 말씀이신지 좀 가르쳐 주실 수 있겠습니까?

맹자 혼자서 음악을 즐기는 것과 모두 함께 음악을 즐기는 것 중 어느 것이 더 즐겁겠습니까?

선왕 모두 함께 즐기는 것이겠지요.

맹자 그러면 음악을 몇몇 사람과 즐기는 것과 많은 사람과 더불어 즐기는 것 중 어느 것이 더 즐거울까요?

선왕 물론 많은 사람과 함께하는 것이지요.

맹자 잘 말씀하셨습니다. 왕께서 음악을 홀로 즐기시지 않고 백성과 더불어 즐기신다면 진정한 왕이 될 것입니다. 어찌 음악뿐이겠습니까? 사냥할 때도, 즐거움을 나눌 때도 백성과 더불어 즐기십시오. 왕의 통치는 그런 것입니다. _〈양혜왕 하〉 1

與 民 同 樂
함께 **여** 백성 **민** 같을 **동** 즐길 **락**

백성과 함께 즐겨라

독재자는 자신의 이익만을 위해서 살아갑니다. 백성의 삶에는 아랑곳하지 않습니다. 하지만 훌륭한 지도자는 백성과 함께 즐깁니다. 혼자 즐기는 것을 '독락(獨樂)', 함께 즐기는 것을 '동락(同樂)'이라고 합니다. 남과 더불어 살아가려면 함께 즐겨야 합니다.

백성을 돌보십시오

맹자 만일 왕의 신하 중 한 명이 처자식을 친구에게 맡기고 초나라로 갔다가 돌아와 보니, 처자식이 추위에 떨고 굶주리고 있다면 그 친구를 어찌하시겠습니까?

선왕 내 그런 자와는 당장 절교할 것입니다.

맹자 그럼 관리가 아랫사람을 잘 다스리지 못한다면 어떻게 하시겠습니까?

선왕 그런 자는 당장 파면이지요.

맹자 나라가 잘 다스려지지 않는다면 어떻게 하시겠습니까?

선왕 (좌우를 돌아보면서 못 들은 척하고) ……. _〈양혜왕 하〉 6

왕을 죽인 것이 아닙니다

선왕 은나라의 탕왕이 하나라의 걸왕을 내쫓고, 주나라의 무왕이 은나라의 주왕을 정벌한 것이 사실입니까?

맹자 옛 책에 기록이 있습니다.

선왕 그렇다면 일개 신하가 군주를 시해*할 수 있습니까?

맹자 사랑을 해치는 자를 도둑이라 하고, 정의를 해치는 자를 폭력배라고 합니다. 그런 자를 죽였다는 이야기는 들었어도, 군주를 시해했다고는 듣지 못했습니다. _〈양혜왕 하〉 8

賊 仁 者 謂 之 賊
해칠 **적** 어질 **인** 사람 **자** 말할 **위** 어조사 **지** 도적 **적**

賊 義 者 謂 之 殘
해칠 **적** 옳을 **의** 사람 **자** 말할 **위** 어조사 **지** 잔인할 **잔**

사랑을 해치는 자는 도둑이요, 정의를 해치는 자는 폭력배다

맹자는 말합니다. 사랑과 정의를 해치는 왕은 도적이나 폭력배에 불과하여 더 이상 그 자격이 없다고요. 백성을 보살피지 않고 괴롭히는 왕은 마땅히 그 자리에서 내려와야 한다고 했습니다. 잘못된 왕은 바꿔야 한다는 맹자의 사상을 '역성혁명(易姓革命)'이라고 합니다.

시해(弑害) : 부모 또는 임금을 죽이는 일.

추나라 목공

맹자는 추나라 사람이지만, 추나라에서는 정치를 하지 않았습니다. 추나라는 맹자의 큰 뜻을 펼치기에는 규모가 작을 뿐만 아니라 정치적 상황도 좋지 않았기 때문이지요. 《맹자》에는 추나라 목공과 관련된 이야기가 단 하나 전해집니다. 바로 추나라와 노나라 사이의 전쟁 때문에 나눈 대화입니다.

인과응보입니다

목공 전쟁 통에 죽은 우리 군대의 장군은 서른세 명이나 되는데, 백성 중 단 한 사람도 그들을 위해 목숨을 바치지 않았습니다. 내 이를 괘씸히 여겨 백성을 죽이려고 했지만, 그 수가 하도 많아 죽일 수 없고 가만히 두자니 백성의 군기가 빠져 앞으로도 장군을 위해 목숨을 바치지 않을 터이니 어찌하면 좋겠습니까?

맹자 추나라에 흉년이 들어 기근이 닥쳐왔을 때, 왕의 백성 중 늙고 약한 자는 비참하게 죽고 수천 명의 젊은이는 굶주림을 피하고자 사방으로 흩어졌습니다. 그때 왕의 창고에는 식량과 보물이 가득 차 있었지만, 백성을 보살피는 자들은 아무 말도 하지 않았습니다. 윗사람이 이토록 게으르니 아랫사람 또한 잔인하게 구는 것입니다. 공자의 제자 증자는 "조심하고 조심하라. 네가 한 행동이 너에게로 돌아온다."고 말했습니다. 이번 일은 바로 윗사람의 잘못 때문에 생긴 것이니, 왕께서는 백성을 탓하지 마십시오. 이제라도 왕께서 어진 정치를 베푸신다면, 백성은 윗사람을 따르고 왕을 위해서 죽기까지 할 것입니다. _〈양혜왕 하〉 12

出 乎 爾 者 反 乎 爾 者 也

나올 **출** 어조사 **호** 너 **이** 것 **자** 돌아갈 **반** 어조사 **호** 너 **이** 것 **자** 어조사 **야**

네가 한 행동이 너에게로 돌아온다

맹자는 공자의 제자인 증자의 영향을 많이 받았습니다. 그래서 《맹자》에서는 증자의 말이 자주 인용되지요. 이 말도 증자의 말입니다. 칭찬에는 칭찬이 이어지지만, 욕을 하면 상대방도 욕으로 응수합니다. 내가 한 행동의 결과는 반드시 나에게 부메랑이 되어 돌아오기 때문에 조심하고 또 조심해야 합니다.

등나라 문공

등나라 문공(文公, 재위 기간 기원전 323년~기원전 316년)은 약소국의 통치자입니다. 왕세자 시절부터 맹자를 존경하여 맹자에게 정치를 물었고, 왕위에 오른 뒤 맹자의 충고를 따르려고 노력했습니다. 맹자가 돌아다니며 유세한 나라 중 유일하게 맹자의 정치사상을 이해하고 따랐던 왕이 등나라의 문공입니다.

약소국의 지도자는 어떻게 할까요

문공 등나라는 약소국입니다. 제나라와 초나라 사이에서 어느 나라를 섬겨야 할까요? 제나라입니까, 초나라입니까?

맹자 그런 정책에 대해서 저는 할 말이 없습니다. 하지만 저에게 답을 원하신다면 한 가지 방법은 있습니다. 성벽 주위에 연못을 깊게 파고, 성벽을 높이 쌓아 백성과 함께 나라를 지키는 것입니다. 왕과 함께한다면 백성은 나라를 떠나지 않을 것입니다.

문공 제나라 사람들이 등나라와 가까운 설이라는 곳에 성을 쌓는 것이 두렵습니다. 우리 등나라가 위태로워질 텐데 어떻게 하면 좋을까요?

맹자 옛날 태왕*이 빈이라는 곳에 사실 때 북방 민족이 침공하여 결국 그곳을 버리고 기산 밑으로 도망가서 살았는데, 그것은 스스로 선택한 것이 아니라 부득이한 것이었습니다. 하지만 그곳에서도 선정(善定)을 베푼다면 훗날 자손 중에서 반드시 왕 노릇 할 사람이 나올 것입니다. 왕이 되어 나라를 다스리

태왕 : 주(周)나라의 시조인 고공단보. 주나라 문왕의 할아버지로 주나라 무왕이 즉위한 후에 고공으로 불리다가, 사마천의 《사기》에서 단보라고 일컬어 두 이름을 합쳐 고공단보라 불렀다.

는 것은 그 뒤를 이어 가기 위함입니다. 하지만 성공 여부는 하늘에 달렸으니, 임금께서 어찌할 수 있는 것이 아닙니다. 그러니 걱정하지 마시고 오로지 힘써 선정을 베푸십시오. _〈양혜왕 하〉 13 · 14

땅을 지키거나 백성을 지키거나

문공 등나라는 약소국입니다. 있는 힘을 다해 큰 나라를 섬겨도 큰 나라의 박해를 피할 수 없으니 어쩌면 좋을까요?

맹자 옛날 태왕이 빈에 사실 때 북방 민족이 쳐들어왔습니다. 태왕은 그들에게 비단, 짐승, 그리고 보물까지 바쳤지만, 박해를 면하지 못했습니다. 이에 원로를 모아 놓고 말했습니다. "북방 민족이 원하는 것은 바로 우리 땅입니다. 하지만 땅을 빼앗기지 않으려고 백성을 죽게 할 수는 없습니다. 땅을 넘기면 여러분은 죽지 않을 것입니다. 임금 없음을 걱정하지 마십시오. 저는 이제 이곳을 떠나려 합니다." 이렇게 말하고 빈을 떠나 양산을 넘어 기산 밑에 살 곳을 잡았습니다. 그때 빈에 살던 백성들이 "그분은 어진 분이시다. 그런 분을 놓쳐서는 안 되지."라고 말하며 그의 뒤를 따라 마치 시장에 사람이 넘쳐나듯 기산 밑으로 모였다고 합니다.

하지만 어떤 사람은 "이 땅은 대대로 지켜 오던 것이니 죽더라도 떠나서는 안 된다."고 말합니다. 왕께서는 두 개의 길 중에서 하나를 택하십시오.

_〈양혜왕 하〉 15

彊 爲 善 而 已 矣
힘쓸 **강**　할 **위**　착할 **선**　말 이을 **이**　뿐 **이**　어조사 **의**

힘써 선정을 베풀 뿐입니다

착한 일을 한다고 항상 결과가 좋은 것은 아닙니다. 하지만 결과를 모른다고 함부로 행동해서도 안 되지요. 맹자는 약소국인 등나라가 강대국의 위협에서 벗어나는 길은 여러 가지지만, 어느 길을 택하든 왕도 정치에 힘써야 한다고 말합니다. 할 일을 다한 후 결과는 하늘에 맡기고 선한 일을 계속하는 것, 바로 진인사대천명(盡人事待天命)입니다.

노나라 평공

노나라 평공(平公, 재위 기간 기원전 314년~기원전 296년)은 맹자를 만나고 싶었으나 측근 신하의 반대로 만나지 못합니다. 반대 이유는 맹자가 어머니의 장례식을 성대하게 치렀다는 것이었습니다. 맹자는 이 소식을 제자 악정자에게 듣고 평공을 만나지 못함을 담담하게 받아들입니다.

이 또한 하늘의 뜻이다

장창 (평공이 외출하려는데 다가가) 이전에는 왕께서 외출하실 때 반드시 신하에게 갈 곳을 일러 놓으시더니, 오늘은 가마가 이미 준비되었는데도 소신*은 아직 왕께서 어디로 가시는지 알지 못합니다. 어디로 가시는 겁니까?

평공 맹자를 만나 보려 하오.

장창 왜 그러십니까? 왕께서 먼저 몸을 낮추어 하찮은 사내를 찾아가려 하시니, 맹자를 현명하다고 생각하는 것입니까? 현명한 사람은 예의를 따른다고 하는데, 맹자는 나중에 치른 어머니의 상례*가 먼저 치른 아버지의 상례보다 화려했습니다. 이는 예의에서 벗어나는 것이지요. 그를 만나지 마십시오.

평공 (주춤대며) 그대가 그렇게 말하니 그렇게 하지요.

시간이 흘렀다.

악정자 왕께서는 어찌 맹자를 만나지 않으셨습니까?

평공 어느 사람이 내게 "맹자의 나중 상례가 먼저 치른 상례보다 화려했다."

소신: 신하가 임금을 상대하여 자기를 낮추어 이르던 일인칭 대명사.
상례(喪禮): 누군가 돌아가셨을 때 지켜야 하는 모든 예절.

고 말하니 그를 만나지 않은 것이오.

악정자 맹자가 앞에 치른 상례는 선비의 신분으로 치른 것이고, 뒤에 치른 상례는 대부의 신분으로 치른 것입니다. 이를 말씀하시는 겁니까?

평공 딱히 그런 것은 아니오만, 들리는 말로는 관과 수의가 지나치게 화려했다 하더이다.

악정자 지나친 것이 아니라 상례를 치를 때 빈부의 차이가 있을 뿐입니다.

악정자의 노력에도 결국 노나라 평공과 맹자의 만남은 이루어지지 않았다.

악정자 제가 왕을 만나 뵈니, 왕께서는 선생님을 만날 생각이셨는데 도중에 장창이란 자가 왕을 만류하는 바람에 왕께서 거절하지 못하셨다고 합니다.

맹자 어떤 일을 할 때, 실행되고 안 되고는 우리 마음대로 되는 것이 아니다. 하늘이 허락하지 않는다면 안 되는 것이다. 노나라 임금을 만나지 못한 것도 하늘의 뜻이니, 어찌 장창 같은 자가 이 만남을 좌지우지할 수 있겠느냐.

_〈양혜왕 하〉 16

왕도 정치를 주장하는 맹자는 기회가 있든 없든, 군주가 자신의 의견을 받아들이든 받아들이지 않든, 상대방이 강대국이든 약소국이든 가리지 않고 최선을 다해 하늘의 뜻을 실천하려 합니다. 권력을 바라서도, 재물을 바라서도, 명예를 바라서도 아닙니다. 온몸을 바쳐 왕도 정치를 실천하려는 살신성인(殺身成仁)의 자세였지요. 맹자처럼 어떠한 시련이 와도 굴하지 않는 자세로 자기 뜻을 펼치는 것이 중요합니다.

2장 귀족과 신하와 나눈 대화

누구나 성인이 될 수 있다

제나라 왕자, 점

큰사람이 된다는 것의 의미

점　공부하는 선비는 무엇을 해야 합니까?

맹자　이상을 높이 가져야지요.

점　이상을 높이 가져야 한다는 것은 무엇을 의미합니까?

맹자　사랑과 정의를 따르는 것입니다. 죄 없는 사람을 죽이는 것은 사랑이 아닙니다. 하나라도 자기 것이 아닌데 빼앗는 것은 정의가 아닙니다. 사랑이란 사람이 살아야 할 집이요, 정의란 사람이 걸어야 할 길이지요. 사랑에 머물고 정의를 따른다면 큰사람이 될 것입니다. _〈진심 상〉 33

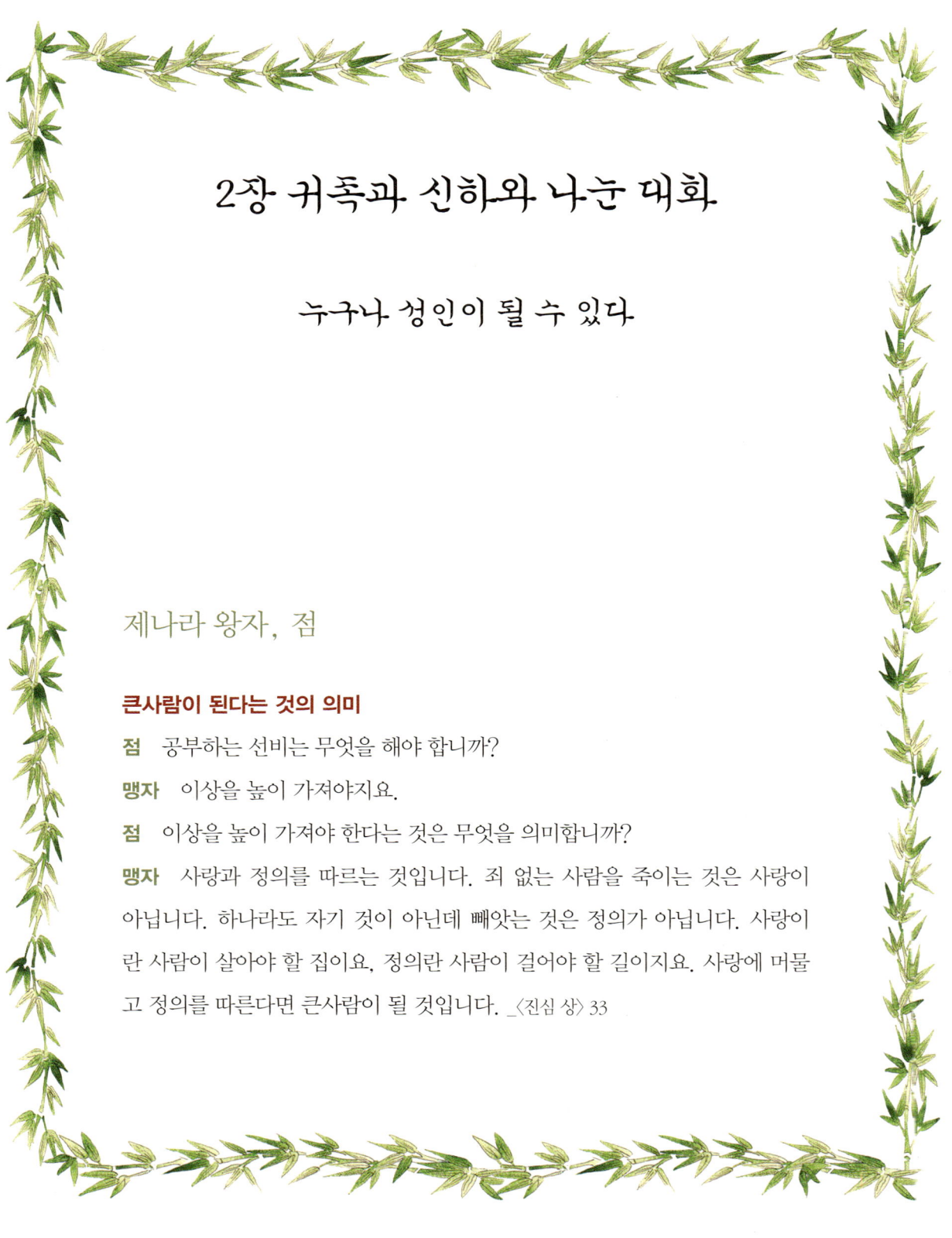

居 仁 由 義
거주할 거 어질 인 따를 유 옳을 의

사랑에 살며 정의를 따르라

맹자가 가장 강조한 말이 인의(仁義)입니다. 인(仁)은 어짊과 사랑 등으로, 의(義)는 올바름과 정의 등으로 풀이할 수 있습니다. 여기서는 사랑과 정의로 풀었습니다. 우리가 살아야 할 곳은 사랑이 넘치는 집입니다. 우리가 걸어야 할 길은 정의의 길입니다. 맹자는 묻습니다. 공부의 목적이 무엇입니까? 왜 공부를 합니까? 맹자는 사랑과 정의를 따르기 위한 것이라 말합니다. 부귀나 성공을 말하지 않습니다. 맹자는 부귀를 좇는 사람을 작은 사람이라 하고, 사랑과 정의를 따르는 사람을 큰사람이라 말합니다.

제나라 재상, 저자

위대한 임금도 보통 사람입니다

저자 왕께서 선생님을 살펴보라고 하시니, 선생님은 보통 사람과 다른 것이 있습니까?

맹자 보통 사람과 어찌 다르겠습니까? 요임금과 순임금, 그리고 나도 모두 보통 사람과 똑같습니다. _〈이루 하〉 32

堯 舜 與 人 同 耳

요임금 **요** 순임금 **순** 더불 **여** 사람 **인** 같을 **동** 어조사 **이**

요임금과 순임금도 보통 사람과 똑같은 사람일 뿐이다

우리는 위대한 사람은 평범한 사람과 무언가 다르다고 생각합니다. 하지만 맹자는 요임금과 순임금을 포함하여 모든 사람은 똑같은 보통 사람이라고 말하지요. 이 말은 누구든지 위대한 사람이 될 수 있다는 뜻입니다. 그 가능성을 믿고 자신을 열심히 갈고닦는 사람은 성인(聖人)의 경지까지 오를 수 있지요. 그래서 조선의 선비 이율곡 선생은 〈자신을 경계하는 글〉에서 "성인의 위치에 이르기까지 끊임없이 노력하라."며 자신을 격려했습니다.

제나라 대부, 공거심

나의 잘못입니다

맹자 전쟁터에서 창을 든 당신의 병사가 하루에 세 번씩이나 뒤떨어지면 죽이겠소? 안 죽이겠소?

공거심 세 번까지 기다리지 않습니다.

맹자 그렇게 말하니 내 말하겠소. 지금 당신이 뒤떨어진 것은 한둘이 아니오. 흉년이 들어 굶주리는 시절에 백성 중 약하고 늙은 자는 기어 다니고, 젊고 장성한 이는 먹을 것을 찾아 뿔뿔이 흩어지니, 그 수가 몇천 명이나 되는지 알지 못하오.

공거심   그것은 제가 해결할 수 있는 일이 아닙니다.

맹자   주인의 소와 양을 기르는 사람이 있다고 합시다. 그는 소와 양을 위해서 편히 쉴 목장과 마음껏 먹을 풀을 구해야 할 것이오. 그런데 목장이나 풀을 구하지 못했다면 소와 양을 주인에게 돌려주어야겠소? 아니면 그들이 서서히 죽어 가는 것을 보고만 있어야 하겠소?

공거심   (고개를 숙이며) 내가 잘못했습니다. _〈공손추 하〉 4

> 귀족이든 신하든 백성 위에 군림하는 자가 아닙니다. 사랑과 정의를 실천할 수 없다면, 군주뿐만 아니라 귀족과 신하도 자신의 자리를 내놓아야 합니다. 대부는 제후가 다스리는 나라의 귀족으로 씨족의 우두머리입니다. 제후만큼은 아니지만 막강한 권력을 가졌지요. 맹자는 대부인 공거심에게도 백성에게 사랑과 정의를 실천할 수 없으면 당장 그 자리를 내놓으라고 말합니다. 권력에 굴하지 않고 당당히 바른말을 하는 맹자입니다.

송나라 충신, 대불승

한 사람만으로는 안 됩니다

맹자   그대는 그대가 섬기는 왕을 정말 좋은 왕으로 만들고 싶으시오? 그렇다면 내 그 방법을 똑똑히 알려 주리다. 여기 초나라 대부가 있소. 그가 아들에게 제나라 말을 쓰게 하고 싶다면, 그대는 제나라 사람을 선생으로 삼겠소, 초나라 사람을 선생으로 삼겠소?

대불승   그야 제나라 사람이지요.

맹자   그러면 제나라 선생을 모셔 와 아들을 가르치는데, 매일 초나라 사람들과 이야기를 나눈다면 제나라 말을 배울 수 있겠소? 차라리 제나라에 가서 몇 해 동안 살게 하면 제나라 말을 배울 수 있지 않겠소?

대불승   그렇겠네요.

맹자   당신은 지금 설거주* 한 사람을 훌륭하다 하여 왕에게 추천해 놓고 일을 다했다고 생각하고 있소. 그런데 조정에 설거주 같은 신하가 얼마나 있소? 많다면야 왕께서 그 무리와 더불어 선한 정치를 펼칠 수 있겠지만, 그렇지 않다면 설거주가 아무리 훌륭하다 하더라도 어찌 왕과 선한 일을 도모할 수 있겠소? 송나라의 정치가 설거주 한 사람으로 바뀔 수 있겠소? _〈등문공 하〉6

제나라는 유학의 전통을 따르는 문명국이고, 초나라는 남방의 야만국입니다. 문명의 나라를 건설하기 위해서는 문명국의 문화를 배워야 합니다. 그런데 문화는 한 사람의 노력만으로는 이룩할 수 없지요. 주변 사람 모두가 함께 노력해야 합니다. 맹자는 설거주를 추천하는 것으로 자신의 임무를 다했다고 생각하는 대불승을 꾸짖습니다. 한 사람만으로는 부족합니다. 문화가 바뀌어야 합니다.

설거주 : 대불승이 송나라의 강왕에게 추천하여 그의 곁에 둔 현명한 신하.

당장 하시오

대영지 선생님이 주장하시는 토지 제도의 실행이나 통관세와 영업세를 없애는 것은 좋은 생각인 듯하지만, 올해는 시기상조라 전체를 바꿀 수 없습니다. 그러니 일단 세금을 조금만 줄이고 내년에 전면적으로 따르는 것은 어떻겠습니까?

맹자 가령 어떤 사람이 날마다 이웃집 닭을 훔친다고 합시다. 다른 사람이

대영지 : 송나라의 대부.
통관세(通關稅) : 수출과 수입, 혹은 국경을 통과하는 화물에 매기는 세금을 일컫는다.

그 사람더러 "그런 짓은 점잖은 사람이 할 짓이 아니오!"라고 나무라자, 그 사람이 "그러면 올해는 줄여서 한 달에 한 마리씩 훔치다가 내년에나 그만두겠습니다."라고 말했다 하오. 잘못을 깨달았으면 당장 그만두어야지 꼭 내년까지 기다려야겠소? _〈등문공 하〉 8

> 문명국의 문화를 배울 때, 그중에는 서서히 해야 하는 일과 즉시 해야 하는 일이 있습니다. 좋은 일은 바로 행동하고, 나쁜 일은 당장 고쳐야지요. 현실을 탓하며 미루면 안 됩니다. 변명하며 변화를 미루는 것은 권력을 가진 자가 자신의 이익을 챙기고 임무를 버리는 것입니다. 그러는 사이에 백성의 삶은 더욱 피폐해지며, 잘못된 정치를 하게 됩니다.

조나라 임금의 아우, 조교

저도 가능합니까?

조교 보통 사람도 모두 요임금이나 순임금처럼 될 수 있다는데 사실입니까?
맹자 네, 사실입니다.
조교 제가 듣기로는 주나라 문왕은 키가 열 자*요, 은나라 탕왕은 키가 아홉 자라 하더군요. 제 키는 아홉 자 하고도 네 치가 더 큽니다만, 그저 밥만 축내고 있으니 어찌하면 좋겠습니까?

자 : 옛날 길이를 잴 때 쓰던 단위로, 한 자는 약 30.3센티미터다. 한 치의 열 배가 한 자다.

맹자 키는 아무 상관 없습니다. 요임금이나 순임금처럼 큰사람이 되겠다 생각하고 행동할 따름이지요. 가령 어떤 사람이 병아리 한 마리도 들지 못한다면 정말 힘이 없는 사람이겠지만, 백 균*의 무게를 들 수 있다면 힘이 센 사람이겠지요. 천하장사 오확*이 들었던 물건을 들면 그는 천하장사와 같은 사람이 될 것입니다. 그 사람이 들 수 있는데도 안 들었다면 괜한 걱정을 한 것이요, 하지 않았을 뿐입니다.

한편 나이 많은 사람보다 천천히 걸어 뒤에 가는 사람을 공손하다 하고, 빨리 걸어 앞질러 가는 사람을 불손하다고 하지요. 천천히 걷는 것이 불가능할까요? 누구나 할 수 있습니다. 요임금이나 순임금이 걸었던 길은 이러한 것일 뿐입니다. 만약 그대가 요임금의 옷을 입고 요임금의 말을 외우고 요임금이 실천했던 것을 행하면 바로 요임금처럼 성인이 되는 것이고, 폭군인 걸왕의 옷을 입고 걸왕의 말을 외우고 걸왕처럼 행동한다면 바로 걸왕과 같은 폭군이 될 것입니다. _〈고자 하〉 2

> 성인이 되는 것은 신체적 조건과는 아무 상관이 없습니다. 인간이라면 누구나 될 수 있지요. 불가능한 것을 하라는 것이 아닙니다. 할 수 있는데도 하지 않는 것을 지적하는 것입니다. 미리 자포자기하지 말고, 지금 당장 할 수 있는 것을 해 보세요.

균(鈞) : 무게를 재는 단위. 한 균은 30근이다. 한 근이 600그램이므로, 백 균은 1,800킬로그램이다.
오확 : 중국 고대의 천하장사로 3만 근을 들었다고 한다.

노나라 장군, 신자

백성을 이용해서는 안 됩니다

맹자 백성을 가르치지 않고 전쟁의 도구로만 사용하는 것은 백성에게 내리는 재앙입니다. 백성을 해치는 것은 요순 시대에는 용납되지 않았소이다. 만약 그대가 단번에 제나라를 정복할 수 있더라도 이는 잘 하는 일이 아니오.

신자 (언짢은 태도로) 무슨 말씀이신지 이해할 수 없소이다.

맹자 그렇다면 내가 분명히 말해 주리다. 온 세상을 다스리는 왕은 사방 천 리의 땅을 갖는데, 이 정도는 되어야 제후를 접대할 수 있기 때문이오. 제후는 사방 백 리의 땅을 갖는데, 이쯤 되어야 종묘를 보존할 수 있기 때문이오. 일찍이 천자께서 주공을 노나라의 제후로 봉했을 때 사방 백 리였소. 땅이 없어서가 아니라 백 리로 제한한 것이오. 천자께서 강태공을 제나라의 제후로 봉했을 때도 사방 백 리를 주었소. 이 또한 땅이 부족해서가 아니었소. 지금 노나라를 보면 사방 오백 리나 되오. 만약에 훌륭한 왕이라면 이 땅을 깎겠소, 보태겠소?

공짜로 땅을 준다고 해도 어진 사람이라면 받지 않는데, 지금 그대는 사람을 죽이면서까지 남의 땅을 빼앗으려 하고 있소. 참된 신하는 왕을 도리에 맞는 정치로 인도하고, 사랑의 정치를 펼치도록 하는 것이 마땅하지 않소?

_〈고자 하〉 8

정치의 근본은 늘 백성이어야 합니다. 백성을 도구처럼 다루는 것은 패도 정치이지요. 따라서 백성을 전쟁에 동원하여 이웃 나라의 백성을 죽이며, 자신의 나라를 더 강한 나라로 만드는 것은 패도 정치입니다. 또한 나라의 사정을 들먹이며 조건이 나아져야 백성을 위한 정치를 펼치겠다는 말도 왕도 정치를 하지 않겠다는 변명입니다. 이 모두는 절대로 해서는 안 됩니다. 백성과 더불어 즐거움을 나누는 왕도 정치를 해야 합니다.

3장 제자와 나눈 대화

좋은 질문이 좋은 답을 얻는다

공손추 공손추(公孫丑)는 제나라 출신으로 맹자의 제자입니다. 공손이 성이고, 추가 이름입니다. 만장과 더불어 《맹자》에 가장 많이 등장하는 제자로, 맹자의 수제자라고 할 수 있지요. 그는 공자의 제자인 자로처럼 무사의 기질을 지녔습니다. 용기에 관심이 많은 그는 맹자에게 용기에 관한 여러 질문을 던졌습니다.

내 마음은 흔들리지 않는다

공손추 선생님께서 제나라 재상의 지위에 오른다면 어떻겠습니까? 왕도 정치를 실천하여 제나라 왕을 강력하고 훌륭한 왕으로 만들 수 있지 않을까요? 그러나 지위가 높아지고 권세도 커지면, 마음이 흔들리지 않겠습니까?

맹자 아니다. 내 나이 40세에 이미 마음이 흔들리지 않는 경지에 도달했다.

공손추 그렇다면 선생님은 제나라의 용사 맹분*보다 뛰어난 경지에 도달하셨네요.

맹자 그건 어렵지 않아. 고자*도 나보다 먼저 마음이 흔들리지 않는 경지에 도달했다.

공손추 마음이 흔들리지 않는 방법이 있습니까?

맹자 있지. 북궁유*가 어떻게 용기를 길렀는지 알려 주마. 그는 칼로 살을 갈라도 기가 꺾이지 않고, 눈을 찔러도 까딱하지 않고 노려보았으며, 사소한 일이라도 남에게 모욕을 당하면 참지 않았다. 모욕을 준 사람이 천한 사람이든 임금이든 용서치 않았다. 반드시 갚고야 말았으니, 이것이 북궁유의 용기이다.

맹시사*가 용기를 기르는 방법도 알려 주마. 그는 전쟁에 나설 때 반드시 이긴다는 마음으로 임한다. 적을 두려워하거나 적에게 진다는 생각은 하지 않는다. 항상 최선을 다할 뿐이다. 일일이 계산하고, 적이 많아 두려워하는 것은 비겁하다고 생각했다. 어떠한 상황에도 두려워하지 않고 돌진한다.

이 둘을 공자의 제자와 비교한다면 북궁유는 자하*와 비슷하고, 맹시사는 증자*와 비슷하다. 어느 용기가 나은지 쉽게 판단하기 어렵지만, 맹시사의 용기가 나을 듯하구나.

맹분(孟賁): 중국 고대의 용사. 살아 있는 소의 뿔을 맨손으로 뽑을 정도로 힘이 셌다.
고자(告子): 맹자와 더불어 인간의 본성을 논한 전국 시대의 사상가로 이름은 불해(不害)이다. 인간의 본성은 악하지도, 선하지도 않다는 성무선악설을 주장했다.
북궁유: 제나라의 전설적인 검객이라고 알려져 있다.
맹시사: 제나라의 용맹스러운 사람으로 알려져 있다.
자하(子夏): 위나라 사람으로 자장과 더불어 공자의 후기 제자. 공자는 "자장은 넘치고 자하는 모자라다."고 했는데, 이는 정도가 넘치면 부족함만 못하므로 중용이 중요하다는 것을 강조한 말이다. 여기서 과유불급(過猶不及)이라는 사자성어가 탄생했다. 자하는 문헌 연구에 뛰어나 공자가 죽은 뒤 그의 사상을 체계적으로 전수하여 많은 제자를 뒀다.

언젠가 증자께서 제자 자양에게 이렇게 말했다. "너는 용기를 좋아하는구나. 나도 전에 공자님께 큰 용기에 대해 물었을 때, 공자님께서는 이렇게 말씀하셨다. 자신을 되돌아보아 바르지 못하다면 천한 사람을 만나도 두렵고, 자신을 되돌아보아 바르다면 아무리 많은 군대가 쳐들어와도 맞서 싸울 수 있다." 이 말로 미루어 보면 맹시사도 증자가 마음을 지키는 방법만큼은 도달하지 못한 듯하구나. _〈공손추 상〉 2

공자의 제자 자로처럼 맹자의 제자 공손추는 용기를 좋아하는 사람입니다. 무사의 기질이 있는 사람이지요. 맹자는 공손추에게 무사와 유학자의 용기를 비교하여 설명합니다.
싸움을 잘한다고 용기 있는 것이 아니요, 유학자라고 하여 용기가 없는 것도 아닙니다. 사랑과 정의의 마음으로 당당하게 살아간다면 오히려 싸움을 잘하는 무사보다 더 큰 용기를 가질 수 있습니다. 진정한 용기는 주변에 흔들리지 않고 사랑과 정의를 실천하는 것입니다.

증자(曾子) : 아버지 증석과 함께 공자의 제자였다. 우직한 성격으로 효성이 뛰어났다. 《효경》과 《대학》을 지은 것으로 알려져 있다. 또한 공자의 손자인 자사를 가르쳤고, 맹자는 어렸을 적 자사 학당에서 가르침을 받았다.

호연지기를 길러라

공손추 선생님께서 남보다 뛰어난 점은 무엇입니까?

맹자 나는 말을 잘 알아듣고, 호연지기를 기를 줄 안다.

공손추 호연지기가 무엇입니까?

맹자 한마디로 말하기는 어렵구나. 그 기상은 아주 크고 강해서, 흠 없이 기를 수만 있다면 하늘과 땅 사이에 가득 차게 된다. 그 기상은 정의의 길을 따라 커지는 것이니 정의가 없다면 기를 수 없다. 평소에 정의를 실천하면 기상은 자연스럽게 길러진다. 느닷없이 돌발적으로 키울 수 있는 것이 아니요, 억지로 키운다고 키워지는 것이 아니다.

 어떤 송나라 사람이 자기 밭의 싹이 잘 자라지 않자 속 타는 마음에 손으로 싹을 조금씩 뽑아 올려놓았다. 그리고 집으로 돌아와서는 자랑스럽게 부인에게 "아이고, 힘들어라. 내가 싹이 잘 자라도록 조금씩 뽑아서 올려놓았다네."라고 말했다. 이 말을 들은 아들이 깜짝 놀라 밭으로 달려가 보니 싹이 모두 시들고 만 뒤였다. 이 이야기를 들은 사람은 송나라 사람을 어리석다고 비웃겠지만, 어디 송나라 사람뿐이랴. 호연지기를 기른다고 하면서, 무리하게 용기를 내는 것은 마치 싹을 키우는 것이 아니라 뽑는 것과 같다. 이는 게으른 것도 모자라 해악을 끼치는 것이니 결국 자신을 망치고 만다.

공손추 말을 잘 알아듣는다는 것은 무엇입니까?

맹자 치우쳐서 공정하지 못한 말을 들으면, 나는 그의 말에 무언가 씌웠음을 안다. 허풍 떠는 말을 들으면, 나는 그의 말에 무언가 비었음을 안다. 간사한 말을 들으면, 나는 그의 말이 얼마나 정도를 벗어나 있는지 안다. 교묘하게 회피하는 말을 들으면, 나는 그의 말이 막다른 골목에 처해 있음을 안다. 이런 말들이 정치하는 사람에게서 나오면 그것은 말만 그르치는 것이 아니라 정치에 해악을 끼치는 것이며, 그 해악은 반드시 나랏일도 그르치게 한다. 말의 중요성이 여기에 있다. 옛 성인이 지금 다시 나타나도 나의 말에 동의할 것이다.

_〈공손추 상〉 2

浩 然 之 氣
클 호   그럴 연   어조사 지   기운 기

하늘과 땅을 꽉 채울 정도로 아주 크고 강건한 기운

우리말에는 기운(氣運), 기세(氣勢), 기개(氣槪), 감기(感氣), 열기(熱氣), 한기(寒氣) 등 '기(氣)'가 붙은 말이 많습니다. 기는 흔히 기운, 기세, 힘을 뜻하는데요. 그러면 이 기운을 어떻게 키울 수 있을까요? 앞의 이야기에 나오는 송나라 사람처럼 제대로 자라지도 않은 싹을 억지로 키우려고 한다면, 해악을 끼칠 뿐만 아니라 오히려 모든 것을 망치게 되지요. 운동할 때도 그렇잖아요. 자신의 능력은 고려하지도 않은 채 갑자기 무거운 아령을 들거나 한 번에 팔 굽혀 펴기를 백 개씩 한다면 몸에 무리가 갈 뿐만 아니라 근육도 망가져요. 처음에는 가볍게 시작하여 나중엔 차차 운동량을 늘려 가면서 근력을 키워야 합니다.

이와 마찬가지로 마음의 기운도 억지로 한 번에 키울 수 있는 게 아닙니다. 맹자가 말하는 사랑과 정의를 일상에서 차근차근 실천하다 보면, 어느새 마음의 근육이 생겨 가족에서 마을로, 마을에서 나라로, 나라에서 온 세상을 끌어안을 수 있는 아주 커다란 기운이 생기게 되지요. 호연지기는 바로 그러한 경지입니다.

揠苗助長

뽑을 **알**   모 **묘**   도울 **조**   자랄 **장**

억지로 모를 뽑아 자라도록 한다

'호연지기'를 억지로 기를 수 없다는 것을 설명한 예로 나오는 송나라 사람의 어리석은 행동입니다. 심어 놓은 모를 억지로 뽑아 올리면, 잘 자라기는커녕 오히려 죽고 말지요. 성장은 억지로 되는 것이 아닙니다. 그에 맞는 풍토와 노력이 필요합니다.

착한 것을 좋아하라

맹자 노나라에서 악정자*에게 정치를 맡긴다는 소식을 듣고 내 기뻐서 잠을 이루지 못하였구나.

공손추 악정자는 용감한 사람인가요?

맹자 아니다.

공손추 지혜가 있는 사람인가요?

맹자 아니다.

공손추 학식이 뛰어난가요?

맹자 아니다.

공손추 그렇다면 어찌하여 기뻐서 잠을 못 이루셨는지요?

맹자 그가 착한 것을 좋아하기 때문이다.

공손추 착한 것을 좋아하는 게 그리 기쁜 일인가요?

맹자 착한 것을 좋아하면 온 세상도 다스릴 수 있는데, 노나라쯤이야 얼마나 쉽겠느냐. 진정으로 착한 것을 좋아하면 온 세상 사람이 아무리 멀어도 그에게 찾아와 착한 일을 일러 줄 것이다. 착한 일을 좋아하지 않으면, 사람들은 모두 그를 의심하고 그에게서 멀리 도망칠 것이다. 착한 사람들이 그에게서 멀어진다면, 그의 주변에는 남을 헐뜯거나 아첨하는 무리만 모이게 될 것이다. 이런 무리와 함께한다면 나라가 제대로 다스려지겠느냐? _〈고자 하〉 13

악정자(樂正子) : 맹자의 제자. 악정자는 맹자에게 꾸지람을 듣기도 했지만, 잘못된 행동을 지적받으면 반성하고 노력하여 고치고, 좋은 말을 들으면 실천하는 사람이었다.

好 善 優 於 天 下
좋아할 호 착할 선 넉넉할 우 어조사 어 하늘 천 아래 하

착한 것을 좋아하면 온 세상도 다스릴 수 있다

한 나라를 다스리는 지도자에게 가장 필요한 덕목은 무엇일까요? 경제력, 판단력, 힘, 의사소통 능력? 사람마다 중요하게 여기는 것이 다르겠지만, 맹자는 '착한 것을 좋아함'이라 말합니다. 한자로는 호선(好善), 착한 말을 잘 듣고 실천하는 것이지요. 하나라를 세운 우임금이 그러한 사람이었습니다. 맹자는 착한 것을 좋아하면 한 나라뿐만 아니라 온 세상을 다스릴 수 있을 만큼 넉넉하다고 말합니다. 착한 사회가 좋은 사회입니다.

못 미친다고 원칙을 바꾸지는 않는다

공손추 성인의 길을 걷는 것은 아름답지만 마치 하늘에 오르는 것처럼 아득하니, 저는 미치지 못할 것 같습니다. 성인의 길로 가는 문턱을 낮추어 많은 사람이 따르게 할 수는 없나요?

맹자 위대한 목수가 제대로 일하지 못하는 목수를 가르치려고 먹줄*을 바르게 치는 법을 포기하겠느냐? 위대한 궁수가 보통 사람이 쉽게 활을 쏘게 하려고 활 쏘는 방법을 바꾸겠느냐? 활을 제대로 쏘려면 활을 힘껏 당기고, 긴장된 자세를 유지하는 것이 중요하다. 가르침이란 제대로 배우는 사람에게 필요

먹줄 : 먹을 묻혀 곧게 줄을 치는 데 쓰는 먹통에 딸린 실줄.

한 것이다. 올바른 기준이 있다면, 따를 능력이 있는 사람은 그 가르침을 따를 것이다. _〈진심 상〉 41

공손추는 맹자의 가르침에 불만을 토로합니다. 맹자는 성인인 요순을 강조하지만, 공손추에게는 뜬구름 같은 이야기입니다. 공손추는 현실적인 가르침을 바라지만, 맹자는 원칙을 버리지 않습니다. 제대로 따를 능력을 갖추라고 격려하지요. 이에 공손추는 숙연해집니다.

성인이 되는 길은 멀고도 험하지만, 사랑과 정의를 따라가면 반드시 도달할 수 있습니다. 사랑과 정의의 길은 바로 지금 우리 앞에 놓여 있는 바른길입니다. 그 길을 걷느냐 걷지 않느냐는 우리의 의지에 달려 있습니다. 매일매일 조금씩 바른길을 걸어 보세요. 성인도 그 길을 걸어 성인이 됐습니다.

만장

만장(萬章)은 맹자의 수제자입니다. 만장은 그를 따르는 제자가 따로 있을 정도로 역량이 뛰어났지요. 《맹자》에서는 〈만장〉 편을 별도로 구성하여 만장과 맹자의 대화를 자세히 다룹니다. 만장은 유학에서 숭상하는 성인을 비판하며 다양한 이야기를 맹자에게 묻습니다. 그리고 맹자는 성인을 변론하여 만장의 잘못된 지식을 바로잡아 주지요. 거리낌 없는 질문과 지혜로운 답변이 매우 흥미롭습니다.

온 세상을 준다는 것의 의미

만장   요임금*이 온 세상을 순에게 준 것이 사실인가요?
맹자   아니다. 천자*가 온 세상을 남에게 줄 수는 없다.

만장 그러면 순이 온 세상을 차지했는데 누가 줬습니까?

맹자 하늘이 주셨다.

만장 하늘이 주셨다니요. 하늘이 말씀이라도 하셨단 말인가요?

맹자 아니다. 하늘은 말로 하지 않고 행동과 사실로 보여 준다.

만장 행동과 사실로 보여 준다니 그게 무슨 말씀입니까?

맹자 천자가 사람을 하늘에 추천할 수는 있지만, 하늘에게 명령할 수는 없다. 이는 마치 제후가 천자에게 사람을 추천하지만, 천자에게 제후 자리를 주라고 명령할 수 없는 것과 마찬가지다. 대부는 제후에게 사람을 추천할 수는 있지만, 제후에게 대부의 지위를 주라고 명령할 수는 없다. 요임금이 순을 하늘에 추천하자 하늘이 이를 받아들이고, 그를 백성 앞에 내세우니 백성이 받아들였다. 이러한 것을 일러 '하늘은 말로 하지 않고 행동과 사실로 보여 준다.'고 하는 것이다.

만장 좀 더 자세히 알려 주십시오.

맹자 순이 제사를 모시자 귀신들이 기쁘게 받아들였다. 이를 '하늘이 받아들인 것'이라 한다. 순에게 일을 시키니 순이 일을 잘해 백성이 편안하게 됐다. 이를 '백성이 받아들인 것'이라 한다. 순이 온 세상을 받은 것은 요임금이 준 것이 아니라, 하늘이 주고 백성이 준 것이다. 이것을 일러 '천자가 온 세상

요임금 : 중국 신화 속의 임금으로 도(陶)라는 지역에 살다가 당(唐)이라는 지역으로 옮겨 다스렸기에 제요(帝堯) 도당씨(陶唐氏)라고 부른다. 자식에게 왕위를 물려주지 않고 효성이 지극한 순(舜)에게 천하의 일을 맡겼다. 요임금과 순임금이 통치하던 때를 중국의 태평성대라고도 하고, 요순 시대라고도 한다.

천자(天子) : 하늘을 대신하여 세상을 다스리는 왕을 천자(天子), 즉 '하늘의 자식'이라 부른다. 여기서는 요임금을 뜻한다.

을 남에게 줄 수 없다.'고 한 것이다. 순이 요임금을 이십팔 년간 도운 것은 사람의 힘이 아니라 하늘의 힘이다. 순은 요임금이 돌아가시자 삼년상을 치르고 멀리 남쪽으로 도망갔다. 요임금에게 아들이 있었기 때문이다. 하지만 온 세상의 제후들이 나랏일을 의논할 때 순에게 갔고, 백성은 일이 생겼을 때 이를 해결하려 순에게 갔다. 백성은 요임금의 아들에게는 찬양의 노래를 부르지 않았지만, 순에게는 찬양의 노래를 불렀다. 이러한 행동과 사실을 일러 '하늘이 주셨다.'고 하는 것이다. 이렇게 하늘이 주셨기에 순은 천자의 자리에 올랐다. 만약 순이 요임금의 아들을 내쫓고 임금의 자리에 올랐다면 이는 온 세상을 빼앗은 것이지 하늘이 준 것이 아니다. _〈만장 상〉 5

이전의 왕이 지명한다고 하여 자연스레 온 세상의 주인이 되는 건 아닙니다. 왕의 자리는 하늘이 주는 것입니다. 하늘의 뜻은 백성의 뜻이기도 합니다. 백성의 삶이 편안해지면 백성은 왕을 기꺼이 인정하기 마련이고, 반대로 백성의 삶이 불안해지면 백성은 왕을 거부하기 때문입니다. 왕과 백성 중 백성은 귀하고 왕은 가볍습니다. 그렇기에 정치의 근본은 백성에 있으며, 왕에게 있지 않습니다. 백성이 하늘의 뜻을 정하고 온 세상을 주는 것입니다.

현명한 사람을 보살피는 방법

만장 관직 없이 떠도는 선비는 제후에게 몸을 의탁하여 생활하지 않는다는데 왜 그럴까요?

맹자 당연하지 않느냐. 제후가 나라를 잃고 다른 제후에게 몸을 의탁하는 것은 대등한 신분끼리니 예에 맞지만, 떠돌이 선비가 제후에게 몸을 의탁하는 것은 대등한 신분이 아니니 예에 맞지 않다.

만장 그렇다면 제후가 그 선비에게 식량을 주면 어떻게 해야 하나요?

맹자 받아도 된다.

만장 이번에는 받아도 된다고 하시니 무슨 까닭입니까?

맹자 제후가 굶주리는 백성을 구제하는 것은 너무도 당연한 일 아니겠느냐?

만장 구호 물품은 받고 선물은 받지 않는 이유는 무엇인가요?

맹자 차마 받을 수 없기 때문이다.

만장 차마 받을 수 없는 이유는 무엇입니까?

맹자 지위가 낮은 문지기나 야경꾼이라도 일정한 직업이 있어 녹봉*을 받는 것은 당연하지만, 그 나라를 위해서 일하지도 않는 사람이 녹봉처럼 많은 것을 선물로 받는 것은 부당한 것이다. 그래서 차마 받을 수 없는 것이다.

만장 제후가 먹을 것을 보내오면 받는다고 하셨는데, 자주 받아도 됩니까?

맹자 이런 일이 있었다. 노나라 목공이 자사*에게 하급 관리를 보내 자주 문안드리고 솥에 찐 고기도 보내 드렸다. 하지만 자사는 고기가 올 때마다 절하고 받아야 했다. 자사는 매번 이러는 것이 언짢아 관리에게 정중히 고기를 물리며 말했다. "왕께서는 나를 개나 말처럼 기르고 있으니, 더 이상 고기를 받

녹봉(祿俸) : 나라에서 관리에게 지급하는 급료를 녹봉 또는 봉록이라 한다. 오늘날의 월급과 같다. 주로 현물인 쌀, 보리 등의 곡식과 베, 비단 등의 생필품으로 지급했다.

자사(子思, 기원전 492년~기원전 431년) : 노나라 유학자로 공자의 손자다. 자사는 공자의 제자인 증자의 제자가 되어 유학을 계승했고, 맹자는 자사의 학당에서 배웠다. 그리하여 공자-증자-자사-맹자로 이어지는 학맥이 형성되었다.

지 않겠소." 이후로 고기를 보내는 일이 없었다. 현명한 사람을 좋아한다고 하면서, 현명한 사람을 등용하지 않고 제대로 봉양하지도 못한다면 제후가 현명한 사람을 좋아한다고 할 수 있느냐?

만장 그러면 현명한 사람을 어찌 봉양해야 합니까?

맹자 처음에야 제후의 이름으로 보내는 것이니 그에 합당한 예를 갖추게 해야 하지만, 그것은 한 번으로 충분하다. 이후 곡식 창고지기는 늘 곡식을 보내 주고 푸줏간 관리인은 늘 고기를 보내되, 소리 없이 제공해야 한다. 옛날에 요 임금은 자신의 친아들 아홉 명을 순에게 보내 그를 섬기게 하고, 두 딸을 그에게 시집보내 그를 모시게 했으며 많은 벼슬아치 또한 순을 봉양했으니, 진정으로 현명한 사람을 봉양할 줄 아는 것이다. 훗날 순의 됨됨이를 보고 그를 가장 높은 자리에 앉게 했다. 이것이야말로 현명한 사람을 존경하는 것이다.

_〈만장 하〉 6

관직이 없는 선비라도 명분 없이는 대접받을 수 없습니다. 마찬가지로 군주라 하더라도 가난한 선비를 함부로 대해서는 안 됩니다. 권력을 가졌다고 함부로 하는 것이 아니라, 권력을 가지고 있을수록 더욱 겸손해야 합니다. 현명한 사람을 대접하는 것은 은혜를 베푸는 것이 아니라, 존경하는 마음에서 우러나와야 한다고 자사를 예로 들어 말합니다.

봉양 : 부모나 조부모와 같은 웃어른을 모시는 것을 말한다.

공도자　공도자(公都子)는 맹자의 오래된 제자 중 한 사람입니다. 공도가 성이고 이름은 알 수 없으나 뒤에 '자'라는 존칭이 붙은 것으로 보아, 그를 따르는 무리가 많았다고 볼 수 있습니다. 공도자라는 이름은 《맹자》에 총 아홉 번이나 나올 만큼 중요한 사람이지요. 공도자와 맹자의 수준 높은 대화를 볼까요?

인간의 본래 모습은 선하다

공도자　고자는 인간의 본성은 선하지도 악하지도 않다고 했습니다. 어떤 사람은 인간의 본성이 선하게 될 수도 악하게 될 수도 있다고 했지요. 그러면서 주나라의 문왕이나 무왕 같은 선한 임금이 나라를 다스리면 백성은 선한 것을 좋아하고, 주나라의 유왕이나 여왕 같은 폭군이 다스리면 백성은 악한 것을 좋아한다고 말했습니다. 또 어떤 이는 인간은 선한 자도 있고 악한 자도 있다고 말하면서 요임금 같이 훌륭한 아버지도 자식은 그렇지 않았고, 순임금은 선하지만 그의 아비는 그렇지 않았으며, 은나라의 폭군인 주왕도 훌륭한 아들이 있었다고 합니다. 그런데 선생님은 인간의 본성이 선하다고 하시니, 다른 사람의 주장은 잘못된 것입니까?

맹자　인간의 모습은 선해 보이기도 하고 악해 보이기도 한다. 하지만 인간 본래의 모습은 선한 것이다. 인간이 선하지 못한 행동을 할 수도 있지만, 본래의 모습은 그렇지 않다. 인간은 남을 불쌍하게 여기는 마음을 가지고 있다. 그뿐만 아니라 자기 잘못을 부끄럽게 여기는 마음, 양보할 줄 아는 마음, 옳고 그름을 따질 줄 아는 마음이 모두 있다. 남을 불쌍히 여기는 마음을 사랑이라 하고, 잘못을 부끄러워하는 마음을 정의라 하고, 양보하는 마음을 예의라 하고, 옳고 그름을 판단할 줄 아는 마음을 지혜라 한다. 사랑, 정의, 예의, 지혜는 인간의 바깥에서 오는 것이 아니라, 인간의 마음속에 본래 지니고 있는 것이다. 하지만 사람들은 이를 미처 깨닫지 못할 뿐이다. 이 마음을 원하면 얻을 것이지만, 그대로 내버려 두면 잃게 된다. 사람의 선함과 악함, 현명함과 어리석음의 차이가 갈수록 심해지는 것은 본래 가지고 있는 마음을 충분히 발휘하지 못했기 때문이다. _〈고자 상〉 6

求 則 得 之 舍 則 失 之
구할 **구**　곧 **즉**　얻을 **득**　어조사 **지**　버릴 **사**　곧 **즉**　잃을 **실**　어조사 **지**

마음을 구하면 얻지만, 버리면 잃는다

인간은 원래 선할까요, 악할까요? 이에 대한 견해는 다양합니다. 맹자는 인간은 본래 선하다고 말했는데, 그렇다면 세상의 악한 사람은 어떻게 설명해야 할까요?

맹자는 말합니다. "인간은 본래 선한 마음을 가지고 있다. 이 마음을 간직하고 키워 나가면 착하고 훌륭한 사람이 되지만, 이 마음을 내버려 두면 잃는다." 맹자는 인간에 대한 근원적인 믿음을 가지고 있습니다. 아무리 악한 세상이더라도 착하게 변할 수 있는 가능성이 인간 내면에 있다고 말이지요.

누가 큰사람이 되고 누가 작은 사람이 되는가

공도자　모두 똑같은 사람인데, 왜 어떤 사람은 큰사람이 되고 어떤 사람은 옹졸한 사람이 되는 걸까요?

맹자 큰 몸을 따르면 큰사람이 되고, 작은 몸을 따르면 소인배가 된다.

공도자 큰 몸과 작은 몸이 무엇입니까? 왜 다른 몸을 따르는 것입니까?

맹자 작은 몸인 눈이나 귀 같은 감각은 깊이 생각할 수 없어 자신이 보고 듣는 것만을 따른다. 그래서 물욕에 사로잡혀 소인배, 즉 작은 사람이 되는 것이다. 하지만 큰 몸인 마음은 생각할 수 있어 옳고 그름을 깨달을 수 있다. 생각하면 깨닫고, 생각하지 못하면 깨닫지 못한다. 작은 몸이나 큰 몸 모두 하늘이 인간에게 준 것이니, 먼저 큰 몸을 따른다면 작은 몸이 망치지 못할 것이다. 이런 사람이 큰사람이다. _〈고자 상〉 15

從 其 大 體 爲 大 人
따를 종   그 기   클 대   몸 체   될 위   클 대   사람 인

큰 몸을 따르면 큰사람이 된다

맹자가 말하는 '큰 몸(大體)'이란 덩치가 큰 것을 말하는 것이 아닙니다. 그것은 육체적인 욕망에 머물지 않고, 어떻게 사는 것이 참된 삶인지 생각할 줄 아는 몸, 잘못된 것을 비판하고 바른 것을 용기 있게 선택할 수 있는 몸이지요. 그런 사람은 큰사람이 된다고 말했어요. 그 반대가 바로 '작은 사람, 즉 소인(小人)'이지요. 자신의 욕망만을 챙기는 사람입니다.

충우

내가 세상을 바로잡을 수 있는 자다

충우 선생님의 낯빛이 좋지 않습니다. 제나라에서 일이 잘되지 않아 불쾌하신 듯합니다. 하지만 제가 선생님께 배운 바로는 공자께서 "군자는 하늘을 원망하지 않고, 사람을 탓하지 않는다."고 하셨지요.

맹자 공자님께서 말씀하신 것은 공자님의 때요, 내가 불쾌한 것은 내가 사는 때의 일이다. 역사는 변한다. 지난 역사를 돌아보니 오백 년마다 반드시 세상의 왕 노릇을 할 분이 나왔다. 그리고 그와 더불어 그 왕을 돕는 뛰어난 신하가 태어났다. 지금 시대를 계산하니 주나라가 세워진 후 칠백여 년이나 흘렀다. 시간으로 보면 이백 년이 늦었지만, 지금이야말로 어지러운 세상을 바로잡기에 알맞다. 그런데 하늘은 아직 세상을 바로잡고 싶지 않은가 보다. 만약 세상을 바로잡는다고 하면, 나 말고 누가 있겠느냐? 내가 불쾌한 것은 나를 생각해서가 아니라 세상을 생각하기 때문이다. _〈공손추 하〉 13

우국지심(憂國之心)이란 말을 아시나요? 나라를 걱정하는 마음입니다. 자신의 성공이나 이익을 추구하는 사람은 나라를 걱정하지 않습니다. 자신에게 이익이 되면 웃고, 손해가 되면 화를 내지요. 맹자가 말하는 작은 사람입니다. 하지만 큰사람은 세상을 걱정합니다. 공자는 춘추 시대를 걱정하여 《춘추》라는 역사서를 남겼습니다. 맹자가 말년에 제자들과 《맹자》를 저술하게 된 이유도 바로 그런 세상을 생각하는 마음 때문 아닐까요?

4장 사상가와 나눈 대화

유학의 관점에서
다른 사상가와 논쟁하다

순우곤

순우곤(淳于髡)은 제나라 직하학궁의 총장인 좨주를 여러 차례 지낸 사상가입니다. 제나라 선왕의 아버지인 위왕이 직하학궁을 세웠을 때부터 좨주를 맡아, 학자와 권력자에게 사랑을 받았습니다. 사마천은 그를 "박학다식하고 기억력이 뛰어나며 특정한 학문만을 고집하지 않았다."고 평가합니다. 서양 철학에서 말하는 대표적인 소피스트*입니다. 말솜씨가 뛰어나 다른 사상가를 혼란에 빠뜨리기도 했고, 외교술도 뛰어나 종횡가로 이름을 널리 알렸습니다.

소피스트(Sophist) : '지혜로운 자' 혹은 '현명하고 신중한 자'를 뜻하는 그리스어에서 유래한 말로, 기원전 5세기 무렵 주로 아테네의 자유민으로서 교양이나 학예, 특히 변론술을 가르치던 사람을 이른다. 대표적으로 프로타고라스, 고르기아스가 있다.

말장난을 삼가라

순우곤 남녀 사이는 신체 접촉을 금하니, 물건조차 직접 주고받지 않는 것이 예라지요?

맹자 네, 그렇습니다.

순우곤 그렇다면 형수가 물에 빠졌을 때 손으로 구해도 될까요?

맹자 형수가 물에 빠졌는데도 형수의 손을 만질까 봐 형수를 구하지 않는다면 그야말로 승냥이나 늑대 같은 짐승에 불과합니다. 남녀 간에는 직접 주고받지 않는 것이 예의 일반적인 태도이지만, 형수가 물에 빠졌을 때는 손으로 구하는 것이 융통성 있는 태도입니다.

순우곤 (걸려들었다는 듯 웃으며) 선생님 말씀대로라면, 이제 온 세상이 물에 빠져 허우적대고 있는데, 직접 구하지 않고 떠나시는 이유는 무엇입니까?

맹자 형수를 구하는 것이야 손으로 할 수 있지만, 세상을 구하려면 그에 합당한 도(道)가 필요합니다. 선생님은 세상을 한갓 손으로 구할 수 있다고 보십니까? _〈이루 상〉 17

> 맹자가 제나라를 떠나려 하자 순우곤은 맹자를 만나 그 특유의 말솜씨로 만류하지만, 맹자는 사랑과 정의의 길을 걸을 수 없다면 떠날 수밖에 없다고 답합니다. 결과를 중시하는 실용적인 순우곤과 원칙을 지키려는 맹자의 대립입니다.

성무선악설, 고자

고자는 인간의 본성은 선도 악도 없는 날 것과 같은 상태라 했습니다.
반면 맹자는 인간 그 자체가 선하다는 것이 아니라 선하게 될 가능성이 인간 내부에 있다고 했습니다.

물이 항상 아래로 흐르듯 인간의 본성은 선하다

고자 그대가 이야기하는 인간의 본성은 자연스럽게 자라난 버들가지와 같고, 정의란 그 버들가지로 만든 바구니와 같습니다. 그러니 그대가 말하는 사랑과 정의는 자연스럽게 자라는 버들가지를 꺾어 바구니를 만드는 것과 같습니다.

맹자 버들가지가 자연스럽게 휘어지니 바구니를 만들 수 있다고 생각하십니까? 아니면 함부로 휘게 하여 바구니를 만든다고 생각하십니까? 선생은 마치 휘어지지도 않는 버들가지를 억지로 휘어 바구니를 만든다고 말씀하시지만, 버들가지로 바구니를 만들 수 있는 것은 버들가지가 자연스럽게 휘어지기 때문입니다. 선생은 제가 인간의 본성을 훼손하면서 사랑과 정의를 주장한다고 말씀하시는 것 같군요. 사랑과 정의를 억지라 하시는 선생의 주장은 사람의 도리를 망치는 학설입니다.

고자 인간의 본성이란 여울목과 같지 않을까요? 휘몰아치는 여울목을 동쪽으로 트면 동쪽으로 흐르고, 서쪽으로 트면 서쪽으로 흐르지요. 본래 인간의 본성은 선과 악의 구분이 없습니다. 물의 흐름이 동과 서를 구분하지 않는 것처럼 말입니다.

맹자 선생의 말처럼 물이란 동서를 구분하지 않지만, 그렇다고 위아래를 구분하지 못하겠습니까? 인간의 본성이 선한 것은 마치 물이 아래로 흐르는 것과 같습니다. 물이 언제나 아래로 흐르듯 인간의 본성은 선을 추구하기 마련이지요. 물을 손으로 쳐 위로 튀어 오르게 할 수도 있고, 물길을 끌어 올려 산을 넘게 할 수도 있지만, 그것이 어찌 물의 본성이겠습니까? 억지로 솟구치게 하는 것이지요. 인간이 선하지 않은 행동을 할 수도 있지만, 어찌 본래부터 선하지 않다 말할 수 있겠습니까?

고자 저는 태어난 그대로를 본성이라고 봅니다.
맹자 태어난 그대로를 본성이라 하는 것은 흰 것을 희다고 하는 것과 같은 것인가요?
고자 그렇습니다.
맹자 그러면 흰 깃털과 흰 눈이 같고, 흰 눈과 흰 옥이 같다는 말씀인가요?
고자 그렇습니다.
맹자 그렇다면 개의 본성은 소의 본성과 같으며, 소의 본성이 인간의 본성과 같다는 말씀인가요? _〈고자 상〉 1~3

> 고자와 맹자가 벌이는 논쟁은 단순히 인간의 본성 문제가 아니라, 그 본성에 따라 사회를 바라보는 태도가 바뀌는 중대한 문제입니다. 고자가 인간을 통제하여 질서 있는 세상을 만들 수 있다고 보았다면, 맹자는 인간의 선한 본성을 잘 키워 함께 즐기는 세상을 만들고자 했습니다.

평화주의자, 송경

송경(宋牼)은 욕심을 줄이고 서로 사랑하며, 평등한 인간관계를 유지하라고 강조하는 평화주의자입니다. 묵가 사상과 밀접한 관련이 있지요. 송경은 평소에 "남에게 모욕을 당해도 부끄럽게 여기지 말라."고 주장하며 갈등을 해결하려 했고, "공격하는 전쟁을 금지하고, 무기를 내려놓아라."라고 말하며 전쟁을 멈추려고 동분서주했습니다.

전쟁을 반대하는 근거

맹자 선생은 어디로 가시는 길입니까?

송경 진나라와 초나라가 전쟁을 준비한다는 소식을 들었습니다. 그래서 일단 초나라로 가려고 합니다. 초나라 왕을 만나 전쟁을 말려 보겠습니다. 초나라 왕이 거절하면 진나라로 가서 왕을 만나 전쟁하지 말라고 설득해 볼까 합니다. 두 분 중 한 분은 저와 뜻이 맞기를 바라야지요.

맹자 자세한 내용을 여쭤볼 수는 없지만, 어떻게 설득하시려 합니까?

송경 전쟁은 이익이 되지 않는다고 말하려 합니다.

맹자 전쟁을 말리신다니 장한 일을 하시는 겁니다. 하지만 선생이 주장하는 논리는 옳다고 할 수 없네요. 선생이 이익과 손해로 두 왕을 설득시켜 전쟁을 멈출 수는 있겠지요. 하지만 신하가 이익을 따져 가며 왕을 섬기고, 자식이 이익을 따지며 부모를 모시며, 동생이 이익을 따져 가며 형을 따른다면 결국은 모두가 이익만 생각하고 사랑과 정의를 버려서 다 같이 망할 것입니다.

사랑과 정의를 기준으로 설득하는 것은 어떻습니까? 사랑과 정의로 진나라와 초나라의 왕을 설득하신다면, 전쟁을 멈출 수 있는 것과 동시에 사랑과 정의를 따르게 될 것입니다. 신하도 사랑과 정의로 왕을 섬기고, 자식도 사랑과 정의로 부모를 모시고, 동생도 사랑과 정의로 형을 따르게 될 것입니다. 그렇게만 된다면 임금과 신하, 부모와 자식, 형과 아우가 이익을 떠나 사랑과 정의로 서로 관계할 것이니, 나라를 다스리기도 편할 것입니다.

그런데 선생은 어찌 이익으로 설득하려 하십니까? 사랑과 정의가 있을 뿐입니다. _〈고자 하〉 4

맹자와 논쟁하는 송경은 평화주의자입니다. 그러면 맹자는 평화주의에 반대하는 걸까요? 그럴 리 없지요. 맹자도 원칙적으로는 전쟁을 반대하는 평화주의자입니다.

대화의 쟁점은 전쟁의 반대 근거입니다. 송경은 전쟁 반대의 이유를 이익에서 찾습니다. 이익이 된다면 전쟁을 할 수도 있다고요. 맹자가 지적하는 점이 바로 이것입니다. 이익을 기준으로 두면, 결국 모두가 이익을 추구하는 방향으로 사회는 변한다는 것이지요. 맹자는 이익이 일시적인 해결책은 될 수 있지만 근본적인 해결책은 아니니, 백성과 더불어 즐겁게 살 수 있는 원칙은 오직 사랑과 정의뿐이라고 말합니다.

유세객, 송구천

춘추 전국 시대 당시의 지식인은 전국을 돌아다니면서 자신의 사상을 펼치며 군주의 마음을 사로잡으려 했습니다. 이렇게 자기 의견이나 주장을 선전하며 돌아다니는 사람을 유세객이라고 합니다. 그들은 자신의 사상을 알아준다면 어느 나라든 상관없었습니다. 유세객으로 대표적인 인물은 법가 사상가인 상앙, 관중, 이사, 병가 사상가인 손자와 오자, 종횡가인 소진, 장의, 공손연, 그리고 평화주의자인 송경입니다. 맹자와 송구천도 전국을 돌아다니며 자신의 유학 사상을 이야기하는 유세객이었습니다. 진정한 유세란 무엇일까요?

가난하든 부유하든 정의를 잃지 마라

맹자 그대는 이 나라 저 나라 돌아다니며 유세하기를 좋아하는군. 내가 유세의 핵심을 말해 볼까?

송구천 말씀해 주시지요.

맹자 유세를 할 때 왕이 인정해 주든 말든 덤덤하게 욕심 없는 것처럼 보이는 것이야.

송구천 어떻게 해야 그런 태도를 보일 수 있을까요?

맹자 덕을 따르고, 정의를 즐기는 태도라면 충분하지. 선비라면 자신을 알아주지 않아 가난하고 처지가 딱하더라도 정의를 잃지 않고, 자신을 알아보아 부귀와 영광을 누리더라도 정의의 길을 벗어나지 않아. 빈곤해도 정의를 잃지 않기에 자신의 본분을 지킬 수 있고, 부귀와 영화를 누려도 정의의 길에서 벗어나지 않기에 백성의 기대와 믿음을 잃지 않을 수 있지. 옛날 사람들은 자신이 인정받아 뜻을 펼치게 되면 온 백성에게 그 혜택이 미치게 했고, 자신이 인정받지 못하더라도 자신을 수양하여 세상의 본보기가 되었다네. 가난하면 깨

끗하게 지내고, 부유해지면 세상 사람들과 선한 일을 행하시게. _〈진심 상〉 9

窮 則 獨 善 其 身,
가난할 궁　곧 즉　홀로 독　착할 선　그 기　몸 신

達 則 兼 善 天 下
도달할 달　곧 즉　함께 겸　착할 선　하늘 천　아래 하

가난하면 홀로 그 몸을 잘 닦고, 부유하면 세상 사람들과 선함을 행한다

유학자에게 가장 중요한 것은 우선 자신의 몸을 잘 닦는 것입니다. 수신(修身)이라고 하지요. 목욕을 이야기하는 것이 아니라, 사랑과 정의의 바른길을 걷는 사람이 되는 것입니다. 하지만 유학자의 궁극적인 삶의 목표는 온 백성과 더불어 즐겁게 사는 것입니다. 맹자는 이를 여민동락(與民同樂)이라고 했습니다. 이와 유사한 말이 '겸선천하'입니다. 《대학》에서는 이를 평천하(平天下)라고 했습니다. 공자의 이상향인 대동(大同) 세상 또한 같은 맥락입니다. 사람이 마땅히 지켜야 하는 큰 도리(대도, 大道)를 지키며 살아가면 온 세상이 공평해져서 누구나 욕심내지 않고 공평하게 나눠 갖고, 도둑이 없는 세상이 되는데, 이것이 바로 모두가 평화롭게 사는 세상입니다.

5장 맹자 어록

맹자의 어록은 주로 〈이루〉, 〈진심〉 편에 등장합니다. 〈이루〉에는 맹자가 여기저기 돌아다닐 때 했던 말을 주로 담았다면, 〈진심〉은 맹자가 은퇴 후에 인생을 달관한 모습이 주가 됩니다. 그래서 〈진심〉을 맹자의 《논어》라 부르기도 하지요. 여기서는 '배움과 좋은 행실, 올바른 정치'에 대해 맹자가 남긴 말들을 살펴보겠습니다.

공부, 자신에게서 구하라

공자는 '자신을 위한 공부'를 강조했습니다. 또 공자의 제자 증자는 《대학》에서 "자신의 몸을 닦는 것이 모든 공부의 근본"이라고 했지요. 맹자 역시 "공부는 자신에게서 구하는 것이다."라고 말합니다. 맹자가 특히 강조하는 것은 마음입니다.

아는 것의 즐거움

사랑의 본모습이란 부모님을 잘 섬기는 것이니 효도라 말할 수 있다. 정의의 본모습이란 형을 잘 따르는 것이니 우애라 할 수 있다. 지혜의 본모습이란 효도와 우애를 잘 알아 벗어나지 않는 것이다. 예절의 본모습이란 효도와 우애를 알맞고 적절하게 드러내는 것이다. 즐거움이란 효도와 우애를 즐거워하는 것이다. 즐거움은 감출 수 없어 저절로 우러나고, 우러나면 멈출 수 없다. 멈추려 해도 멈출 수 없다면 자기도 모르는 사이에 발로 땅을 구르고, 손으로 춤을 추어 박자가 척척 들어맞는다. 어찌 인생이 즐겁지 아니하랴. _〈이루 상〉 27

공부란 무엇인가

공부란 널리 배우고 자세히 설명하는 것, 그리고 이를 종합하여 핵심을 간략하게 요약하는 것이다. _〈이루 하〉 15

학문의 길

사랑은 사람이 간직해야 할 마음이요, 정의는 사람이 걸어야 할 길이다. 그 길을 버려두고 가지 않으며, 그 마음을 내던지고 찾지 않으니 이 얼마나 슬픈 일인가. 사람들은 닭이나 개가 없어지면 찾으려 하면서, 본래 마음은 잃고서도

찾을 줄 모른다. 학문의 길은 별다른 것이 아니다. 그 잃어버린 마음을 다시 찾아오는 것이다. _〈고자 상〉 11

求 其 放 心
구할 구   그 기   놓을 방   마음 심

잃어버린 마음을 찾아라

유학자가 말하는 학문의 핵심은 모르는 것을 아는 것이 아니라, 본래 간직하고 있는 것을 잃지 않는 것입니다. 인간의 마음속에 본래 있는 것은 사랑과 정의입니다. 사랑을 잃지 않고 정의에서 벗어나지 않는 것이 학문의 진정한 길입니다.

자신에게서 구하라

구하면 얻을 것이요, 버리면 잃을 것이다. 구하여 얻으면 유익하다. 자신에게서 구하기 때문이다. 이와 달리 밖에서 방법을 찾고, 우연히 얻고도 얻지 못한다면 이는 무익하다. 자기 밖에서 구하기 때문이다. _〈진심 상〉 3

만물이 나에게 있다

만물의 이치가 다 내게 갖추어져 있다. 자기를 반성하고 정성을 다한다면, 그 기쁨은 이루 말할 수 없을 정도로 크다. 남의 마음을 이해하려고 열심히 실천하면, 사랑을 구하기 어렵지 않을 것이다. _〈진심 상〉 4

배우지 않아도 안다

사람이 배우지 않아도 어떤 일을 할 수 있는 능력을 좋은 능력이라 하고, 생각해 보지 않아도 저절로 알게 되는 지혜를 좋은 지혜라 한다. 두세 살 난 어린 아이도 그 부모를 사랑할 줄 알고, 자라서는 자기 형을 공경할 줄 알게 된다. 부모님을 사랑하는 것은 배우지 않고도 하는 사랑이고, 형을 공경하는 것은 생각하지 않아도 아는 정의다. 저절로 알고 하게 되는 이 사랑과 정의야말로 온 세상에 통하는 것이다. _〈진심 상〉 15

不 學 而 能 者 其 良 能 也,
아니 불 배울 학 그런데 이 능할 능 그것 자 그 기 좋은 양 능력 능 어조사 야

不 慮 而 知 者 其 良 知 也
아니 불 생각할 려 그런데 이 알 지 그것 자 그 기 좋은 양 알 지 어조사 야

배우지 않아도 할 수 있는 것을 좋은 능력이라 하고,
생각하지 않아도 알 수 있는 것을 좋은 지혜라 한다

맹자는 인간에게 본래 가진 능력과 지혜가 있다고 생각했어요. 좋은 능력과 지혜이기에 '양능(良能)'과 '양지(良知)'라고 했지요. 인간은 누구나 선하게 태어난다는 맹자의 사상을 다시 한번 확인할 수 있는 문장입니다.

끝까지 하라

무슨 일을 한다면 끝까지 하라. 이는 우물을 파는 것과 같다. 비록 아홉 길 우물을 팠더라도 샘물이 솟을 때까지 파지 않으면 그 우물은 버린 것과 같다.

_〈진심 상〉 29

군자의 다섯 가지 교육 방법

훌륭한 스승이 사람을 가르치는 방법에는 다섯 가지가 있다. 첫째는 가르치는 시기에 맞춰 가르친다. 때맞춰 내리는 비가 만물을 키우는 것과 같다. 둘째는 사람의 덕성을 길러 주는 것이다. 셋째는 그 사람의 재능을 드러나게 하는 것이다. 넷째는 물음에 대답해 주는 것이다. 다섯째는 스스로 터득할 수 있도록 간접적으로 가르치는 것이다. _〈진심 상〉 40

적당한 것의 가치

그만두어서는 안 될 일을 그만두는 사람은 많은 일을 포기하게 된다. 잘 대접해야 할 사람을 옹색하게 대접하면 많은 일에 옹색하게 된다. 빠르게 앞으로만 가려는 사람은 물러나는 것도 빠르게 물러난다. _〈진심 상〉 44

나를 다스리는 길, 나라를 다스리는 길

자기에서 출발하여 가깝게는 가족으로, 그리고 사회로 멀리 확산하는 아름다운 흐름이 유학의 가르침입니다. 또 그것이 맹자가 주장하는 사랑과 정의의 길이지요. 그러므로 자기 자신을 포기하면 자기뿐만 아니라 가족과 사회를 포기하는 것입니다. 공부하는 사람은 모름지기 자기 자신을 잘 돌보아야 할 것입니다.

자포자기하지 마라

자기를 해치는 사람과는 이야기를 나눌 수 없고, 자기를 포기하는 사람과는 함께할 수 없다. 자기를 해치는 것은 무엇인가? 사랑과 정의를 비방하는 것을 자기를 해치는 것이라 한다. 자기를 포기하는 것은 무엇인가? 사랑과 정의를 실천할 수 없다고 말하는 것을 자기를 포기하는 것이라 한다.

 사랑은 사람이 편안히 쉴 수 있는 집이요, 정의란 사람이 바르게 걸을 수 있는 길이다. 편안한 집을 텅 비워 놓고 살지 않으며, 바른길을 버려두고 가지 않는다면 이 어찌 슬픈 일이 아니겠는가. _〈이루 상〉 10

仁 人 之 安 宅 也,
어질 인　사람 인　어조사 지　편안할 안　집 택　어조사 야

義 人 之 正 道 也
옳을 의　사람 인　어조사 지　바를 정　길 도　어조사 야

사랑은 사람이 편히 쉴 수 있는 집이요,
정의는 사람이 바르게 걸을 수 있는 길이다

맹자에게 가장 중요한 것은 사랑과 정의입니다. 사랑과 정의를 잘 간직하여 키우고, 그것을 따르는 것이 참된 삶의 길이라고 맹자는 확신합니다. 편안한 집, 좋은 길을 내버려 두고 다른 것을 선택하는 것은 어리석은 일입니다. 자포자기(自暴自棄)라는 한자어가 이 구절에서 유래했습니다.

먼 데서 구하지 마라

참된 길은 가까운 데 있다. 그런데 사람들은 먼 데서 구하려 하는구나. 참된 일은 쉬운 데 있다. 그런데 사람들은 어려운 데서 구하려 하는구나. 가까이에 있는 어버이를 섬기고, 어른을 대접하라. 온 세상은 태평할 것이다.

_〈이루 상〉 11

큰사람이 되는 방법

큰사람이 되고 싶은가? 갓난아이의 순수한 마음을 잃지 마라. _〈이루 하〉 12

진정한 근심

훌륭한 사람이 평생토록 걱정하는 것은 있지만 갑작스러운 일로 걱정하지는 않는다. 훌륭한 사람의 평생 걱정이란 무엇인가? 위대한 순임금도 사람이고 나 또한 사람인데, 순임금은 온 세상의 모범이 되어 후세까지 그 이름이 알려질 때, 나는 아직도 평범하게 살면서 인간의 모범이 되지 못하는 것이 걱정이다. 그 걱정을 어떻게 해결할 수 있을까? 순임금처럼 생각하고 순임금처럼 실천하면 된다. 그 이외에 다른 걱정거리는 없다. 그래서 훌륭한 사람은 사랑이 아니면 하지 않고, 예의에 어긋나는 일이면 따르지 않는다. 하루아침에 갑작스럽게 일어나는 일 따위는 걱정하지 않는다. _〈이루 하〉 28

舜 人 也 我 亦 人 也
순임금 **순** 사람 **인** 어조사 **야**　나 **아**　또한 **역** 사람 **인** 어조사 **야**

순임금도 사람이요, 나 또한 사람이다

맹자가 살던 시대는 철저한 신분 사회였습니다. 귀족과 백성의 구분이 분명했지요. 하지만 맹자는 왕과 자신을 같은 사람이라고 말합니다. 기본적으로 모든 인간은 평등하다는 것입니다. 맹자가 살던 시대에는 아주 위험한 발상이었지요. 심지어 폭군은 왕이 아니라고까지 했습니다. 신분에 따라 지위가 결정되는 것이 아니라 행실에 따라 지위가 결정된다는 거지요.

부끄러워하는 마음의 중요성

사람은 부끄러워하는 마음이 없어서는 안 된다. 부끄러워하는 마음이 없는 것을 부끄러워한다면, 치욕스러운 일은 결코 없을 것이다.

사람에게 부끄러워하는 마음은 중요하다. 임기응변에 뛰어난 사람은 부끄러워하는 마음을 가질 일이 없다. 타인처럼 하지 못하는 것을 부끄러워하지 않는다면 어찌 타인과 같아지겠느냐. _〈진심 상〉 6 · 7

욕심을 줄여라

마음을 기르는 데 욕심을 적게 가지는 것보다 더 좋은 방법은 없다. 욕심이 적으면 본래 마음을 잃더라도 오래가지 않는다. 하지만 욕심이 많으면 본래 마음을 간직하더라도 오래 지나지 않아 그 마음을 잃게 된다. _〈진심 하〉 35

養　心　莫　善　於　寡　欲

기를 양　마음 심　없을 막　좋을 선　어조사 어　적을 과　욕심 욕

마음을 기르는 데 욕심을 적게 가지는 것보다 더 좋은 방법은 없다

마음은 마치 씨앗과 같습니다. 씨앗은 심어 놓고 정성 들여 보살펴야 합니다. 하지만 열매를 많이 얻으려는 욕심에 새싹을 뽑아 올리거나, 물이나 거름을 넘치게 주면 오히려 성장에 방해가 되지요. 적절한 수분과 양분을 주는 것이 씨앗을 키우는 농부의 지혜입니다. 지나친 욕심은 마음을 기르는 데 좋지 않습니다.

선한 마음을 잘 간직하라

제나라에 있는 우산(巫山)은 이전에는 아주 울창했다. 하지만 도시 가까이에 있어 수많은 사람이 땔감이나 자재로 쓰기 위해 도끼로 나무를 찍어 대니 그 울창함을 유지할 수 있겠는가? 그래도 나무의 그루터기는 남아 있고 씨를 뿌려 두어, 시간이 흐르면 싹이 자라나 다시 푸름을 되찾을 수 있을 것이다. 하지만 이번에는 소나 양을 그 산에 풀어 풀을 뜯어 먹게 하니 민둥산이 되어 버렸다. 그런데 사람들은 이전의 우산은 기억하지 못하고 애초부터 나무가 없었다고 생각하니, 이 어찌 산의 본래 모습이랴.

사람도 마찬가지다. 누구인들 착하고 올바른 마음이 없을까. 하지만 사람들이 이 마음을 잃은 것은 마치 도끼로 나무를 찍는 것과 마찬가지다. 매일매일 찍으니 무엇할 수 있겠는가? _〈고자 상〉 8

마음을 펴라

손가락 하나가 구부러져서 펴지지 않는 사람이 있다. 그는 구부러진 손가락이 아프거나 일상에서 크게 불편하지 않아도, 이를 고쳐 줄 뛰어난 의사가 있다면 아무리 먼 곳이라도 달려갈 것이다. 이는 구부러진 손가락이 다른 사람과 같지 않기 때문이다.

다른 사람과 다른 손가락은 그렇게 부끄러워하면서 어찌 자기 마음이 타인의 착한 마음과 다른 것은 부끄러워하지 않는가. 도대체 무엇이 중요한가? 손가락인가, 마음인가? _〈고자 상〉 12

가장 소중한 것이 무엇인가

물고기도 먹고 싶고, 곰 발바닥도 먹고 싶다 치자. 그런데 둘 중 하나를 선택하라면 나는 물고기를 버리고 곰 발바닥을 먹을 것이다. 이와 마찬가지로 삶도 원하고 정의도 원하지만, 둘 중 하나밖에 선택할 수 없다면 나는 삶을 버리고 정의를 택할 것이다. 살고야 싶지만 사는 것보다 더 중요한 것이 있다. 그래서 구차하게 목숨을 구걸하지 않는다. 죽음 또한 내가 싫어하는 것이지만, 죽음보다 더 싫어하는 것이 있다. 그래서 일부러 죽음의 근심과 재난을 피하지 않는 것이다.

사는 것이 가장 소중하다면 어떤 수단을 써서라도 살려고 할 것이고, 죽음이 가장 두렵다면 어떤 수단을 써서라도 죽음을 피하려 할 것이다.

인간은 살 방법을 알지만 그 방법을 따르지 않기도 하고, 죽음을 피할 방법을 알지만 그 방법을 따르지 않기도 한다. 이것이 인간의 위대함이다. 사는 것보다 죽음을 피하는 것보다 더 소중한 것이 있다. 그래서 그 소중한 것 때문에 삶도 포기하고 죽음도 마다하지 않는 것이다. 이런 마음을 현명한 사람만 갖고 있겠는가. 모든 사람이 다 갖고 있다. 하지만 현명한 사람은 이 마음을 소중하게 간직하여 잃지 않았을 뿐이다. _〈고자 상〉 10

捨 生 取 義
버릴 사　생명 생　취할 취　옳을 의

생명을 버리고 정의를 선택한다

사람의 생명은 소중합니다. 함부로 버려서는 안 되는 것이지요. 그런데 만약 생명보다 더 소중한 것이 있다면 어떻게 하겠습니까? 부모는 자식을 위해 목숨을 버리기도 하고, 애국자는 나라를 위해 생명을 바치기도 합니다. 물에 빠진 사람을 살리려다 죽은 사람도 있고, 생명을 구하려고 불 속으로 뛰어들었다가 순직한 소방관도 있습니다. 이들 모두는 자신의 생명보다 더 소중한 것이 있다고 생각하고, 그것을 구하려고 한 것입니다.

포기하지 마라

사랑이 미움을 이긴다. 이는 물이 불을 이기는 것과 같다. 그런데 요즘 사랑을 실천하는 자들은 마치 한 잔의 물로 장작을 가득 실은 수레에 붙은 불을 끄려는 듯 보인다. 그러고는 불이 꺼지지 않자 물이 불을 이기지 못한다고 말한다. 이는 불 지른 사람 편을 드는 것과 같다. 결국 자신이 갖고 있던 사랑도 잃게 된다. _〈고자 상〉 18

하늘이 사람을 쓰려면 먼저 고난을 준다

장차 하늘이 사람에게 큰 임무를 맡기려 할 때는 반드시 먼저 그의 마음을 괴롭히고, 그의 육체를 피로하게 하고, 그의 위장을 굶주리게 하고, 그의 살림을

텅 비게 한다. 그리하여 그 사람이 이루고자 하는 것을 좌절시킨다. 그렇게 고난을 주고 그 마음을 더욱 두드려 참을성이 있게 하고, 그가 지금까지 못했던 일을 더욱 잘하도록 능력을 키워 주신다.

사람은 본래 실패를 겪고 나서야 비로소 고칠 줄 알고, 마음이 지치고 생각이 막힌 후에야 더욱 분발하며, 고민과 고통이 그 얼굴빛으로 드러나고 탄식과 슬픈 소리가 나타나고서야 비로소 깨닫는다.

이는 나라도 마찬가지다. 안으로는 법을 지키는 사람과 진실한 말을 하는 신하가 없고, 밖으로는 대적하는 나라와 침범하려는 나라가 없으면 겉으로는 아무 일도 일어나지 않는 것처럼 보이지만 그 나라는 언젠가 반드시 망한다.

개인이든 나라든 명심해야 한다. 근심과 걱정이야말로 생명의 길이요, 편안함과 즐거움이야말로 죽음의 길이다. _〈고자 하〉 15

生 於 憂 患 死 於 安 樂
살 생　어조사 어　근심 우　걱정 환　죽을 사　어조사 어　편안할 안　즐길 락

근심과 걱정 속에서 살고, 편안함과 즐거움 속에서 죽는다

근심과 걱정은 좋지 않은 감정이고, 실패는 안 좋은 경험이라고 생각합니다. 그러나 평생을 근심과 걱정 없이 편안하고 즐거운 삶을 살아온 사람이 안 좋은 일을 만나면 어찌할 바를 모릅니다. 평생 실패 없이 살아온 사람은 단 한 번의 실패로 좌절할 수도 있지요. 근심과 걱정에 빠지는 것은 좋지 않지만, 실패를 발판으로 삼아 준비하고 다시 도전한다면 반드시 큰사람이 될 것입니다.

온 세상을 얻으려면

사랑을 실천하지 않고도 나라를 얻은 경우는 있었지만, 사랑을 실천하지 않고 온 세상을 얻은 일은 아직 없다. _〈진심 하〉 13

훌륭한 사람의 세 가지 즐거움

훌륭한 사람에게는 세 가지 즐거움이 있는데, 세상의 왕이 되는 것은 그 즐거움에 포함되지 않는다. 첫 번째 즐거움은 부모님이 살아 계시고 형제간에 아무 일이 없는 것이다. 두 번째는 하늘을 우러러 부끄러움이 없는 것이다. 세 번째는 자질이 뛰어난 학생들에게 가르침을 주는 것이다. 이 세 가지가 훌륭한 사람의 즐거움이니 왕이 되는 것은 그 속에 포함되지 않는다. _〈진심 상〉 20

세상에서 가장 귀한 것은 백성

이 세상에서 백성이 가장 귀하다. 사직*은 그다음이고 임금은 가볍다. 그러므로 백성의 마음을 얻으면 임금이 되고, 임금의 마음을 얻으면 제후가 되고, 제후의 마음을 얻으면 대부가 된다. 제후가 사직을 위태롭게 하면 제후를 바꾼다. 산 짐승을 제물로 잘 준비하고 제물용 곡식도 깨끗하게 하며, 때맞춰 제사를 지냈는데도 가뭄이 들거나 물난리가 나면 사직의 신을 바꿔 버린다. _〈진심 하〉 14

사직(社稷) : 고대 중국에서 천자나 제후가 제사를 지내던 토지신과 곡신을 가리킨다.

民 爲 貴 社 稷 次 之
백성 민　할 위　귀할 귀　토지신 사　곡신 직　다음 차　그 지

君 爲 輕
임금 군　할 위　가벼울 경

백성이 가장 귀하고, 사직이 그다음이고, 임금은 가볍다

나라의 근본은 백성입니다. 백성이 있어야 나라를 다스릴 수 있고, 백성이 잘 살아가야 나라가 잘 돌아가지요. 임금은 백성이 잘 살 수 있도록 제사를 지내 기원하고 나라 살림을 챙깁니다. 그래서 맹자는 백성이 귀하고, 임금은 가볍다고 말합니다. 그런데 우리는 거꾸로 생각합니다. 임금이 가장 귀하다고 생각하지요. 임금은 바꿀 수 있고, 제사를 지내는 곳도 옮길 수 있지만, 백성을 바꿀 수는 없습니다. 백성이 가장 귀하다는 맹자의 정신은 우리나라 헌법에서도 볼 수 있어요. 대한민국 헌법 제1조 제2항은 "대한민국의 주권은 국민에게 있고, 모든 권력은 국민으로부터 나온다."입니다.

연보

맹자의 연보는 정확한 기록이 없어서 청나라 사람 적자기(狄子奇)가 기록한 《맹자편년》을 인용했다. 그러나 맹자의 생애는 43세 이전을 알 수 없다는 의견이 다수이고, 맹자가 각 나라를 방문해 유세한 순서에 대해서도 학자마다 의견이 다르다.

기원전 372년   추나라[지금의 산동성(山東省) 연주부(沇州府) 추현(鄒縣)]에서 태어나다.

357년(15세)   노나라로 가서 자사의 제자에게 배우다.

332년(41세)   추나라 목공을 만나다.

331년(42세)   제나라 평륙에 머물다.

330년(43세)   추나라에서 임나라로 가다. 옥로자, 조교 등과 묻고 답하다.

329년(44세)   제나라 수도 임치에 가다. 순우곤, 송견, 윤문 등과 교류하고 논쟁하다.

328년(45세)   제나라에서 고자와 변론하다. 광장을 사귀다.

                 이 무렵 소진과 장의의 합종연횡설이 경합하다.

326년(47세)   송나라로 가서 등나라의 세자를 만나다.

325년(48세)   추나라로 돌아오다.

324년(49세)   등나라로 가서 문공에게 정전제 등을 건의하다.

323년(50세)   농가인 진상과 논쟁을 하다.

322년(51세)   제나라가 등나라를 위협하다. 등나라를 떠나 추나라로 돌아오다.

320년(53세)   양나라 혜왕의 초빙을 받다.

318년(55세)   혜왕의 뒤를 이은 양왕에게 실망하고 제나라로 가서 고위 관직에 오르다.

316년(57세)　등나라 문공의 조문을 가다.

315년(58세)　노나라에서 모친상을 치르고, 제나라로 돌아가다.
　　　　　　제나라 선왕이 맹자에게 연나라 공격에 관해 의견을 묻다.

314년(59세)　제나라가 연나라를 정복하다. 제나라를 떠나 송나라로 가다.

312년(61세)　송나라에서 설나라로 가다.

311년(62세)　설나라에서 노나라로 갔지만 뜻을 이루지 못하고 추나라로 돌아오다.

290년경(83세)　제자 공손추, 만장 등과 《맹자》를 짓다.

289년(84세)　세상을 떠나다.